頭がよくなる

箇条書きの習慣

マスカワシゲル

WAVE出版

箇条書きの作成手順

1 箇条書きを羅列する

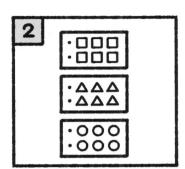

2 箇条書きをグループに分ける

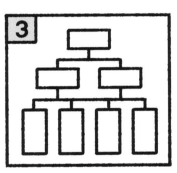

3 論理ピラミッドを作る

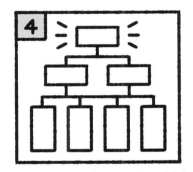

4 MECEとメインメッセージを確認する

5 要約して文章化する

はじめに

——箇条書きを制する者はビジネスを制す

本書を手に取っていただき、ありがとうございます。

マスカワシゲルと申します。

現在、私はある外資系企業でFinancial Planning & Analysis Senior Managerとして勤務しています。

私はこれまで多くの転職を経験し、そのたびに新しい環境に適応しながらキャリアを築いてきました。その過程で、あるスキルに出合い、それを磨くことでどの職場でも結果を出せるようになりました。

そのスキルとは「要約力」。そしてそれを支える「箇条書きの技術」です。

本書は、オンライン教育プラットフォームUdemyで提供している私の大人気コース「アドバンスド箇条書き（ブレットポイント）テクニック ——ロジカルシンキングを取り入れた【要約】の書き方——」をもとに執筆しました。

この講座は２０２４年８月時点で１万３０００人以上の方に受講していただきました。受講した多くの方が箇条書きのスキルと要約力を身につけ、ビジネスの現場で成果を上げたとご好評いただいています。

現代のビジネス環境は、さまざまな情報にあふれています。その中

でビジネスパーソンには、どの情報が重要であるかを見極め、効果的に伝える能力が求められています。

しかし、多くの人が「どの情報を活かして、どの情報を捨てるべきか？」がよくわかっていないように思えます。上司やクライアントに報告する際に、「内容が長すぎて要点が伝わらない」、逆に「情報が不足していて理解されない」といった悩みを抱えています。——まるで他人事のように書いていますが、ほんの数年前の私自身もそうでした。

本書は、そんな困りごとを抱える皆さんに、具体的な解決策を提供します。箇条書きを活用することで、情報を整理し、要点を明確に伝える方法をわかりやすく解説します。

箇条書きは、情報を簡潔にまとめるための強力なツールです。**「箇条書きを制する者はビジネスを制する」**と言っても過言ではありません。この技術を身につけることでビジネスパーソンとして大きく飛躍することができます。具体的には次の効果があります。

・情報の要約力が向上……複雑な情報をシンプルにまとめ、相手にわかりやすく伝えることができる
・ロジカルシンキング力の強化……箇条書きを通じて、論理的な思考力が養われ、問題解決能力が向上する
・時間の節約（仕事の爆速化）……効率的に情報を整理できるため、ムダな時間を削減することができる（仕事が速くなる）

本書の構成は次の通りです。

　まず序章で「なぜ箇条書きが強力なビジネスツールになり得るのか」を説明します。箇条書きはあまりに一般的で身近すぎるために、「すごいビジネスツールなんです！」と言われても信じられませんよね。こうした一般的な認識をくつがえしたいと思います。

　その後の第1章から第5章までは、架空のプレスリリースを題材にして、箇条書きと要約のテクニックをステップバイステップでじっくり解説します。

　第6章から第8章は練習問題編です。第5章までに身につけた箇条書き・要約のテクニックを、実際のビジネスシーンでの応用例を通じて、実践に活かす方法を解説します。

　私自身、箇条書きの技術を習得することで、職場での評価が劇的に向上しました。箇条書きを活用して情報を効果的に要約し、プレゼンテーションや報告書に活かすことで、上司や同僚からの信頼を得ることができました。

　皆さんもぜひこの技術を習得してビジネス戦闘力をアップし、成功をつかんでください！

目 次

はじめに ── 箇条書きを制する者はビジネスを制す ……………… 002

序章 ▷ 仕事がデキる人は みんな箇条書きをしている

- なぜ箇条書きがきちんとできる人は仕事がデキるのか? ……………… 012
- 箇条書き力を高めるとビジネスパーソンとしての価値が爆上がりする … 014
- ほとんどのビジネスパーソンが要約ができていない ……………… 017
- 論理ピラミッドとMECEだけを押さえれば誰もが要約の達人になれる … 019
- 要約力を身につけるための5つのステップ ……………… 021
- 生成AIには「価値がある」要約はできない ……………… 025

第1章 ▷ ステップ① 箇条書きを羅列する

- プレスリリースを要約してみよう ……………… 028
- 「ステップ①　箇条書きで羅列する」の全体像 ……………… 032
- サブステップ1 ポイントを箇条書きで抽出する ……………… 033
- サブステップ2 不明な用語を確認する ……………… 036
  - ◉・・ 一見どうでもよさそうな略語が重要なことも

- **サブステップ3** **不要な情報をカットする** ·· 039
  - カットの基準は「誰に読ませるか」で変わる
  - 情報はなるべく少なくしたほうが読み手に親切
  - ごく簡単なことから始めるのが仕事のコツ

- **例文の箇条書き例** ·· 044

第2章 ステップ② 箇条書きをグループに分ける

- 「ステップ②　箇条書きをグループに分ける」の全体像 ·········· 048

- **サブステップ1** **グループ分け** ·· 049
  - 「情報の重要度」のアタリをつけておく

- **サブステップ2** **順番関係の確認** ·· 059
  - ①時系列に沿った順番関係
  - ②プロセスなどの順番関係
  - ③起承転結などの順番関係

- **サブステップ3** **グループ名をつける** ·· 068

第3章 ステップ③ 論理ピラミッドを作る

- 「ステップ③　論理ピラミッドを作る」の全体像 ······················ 076
  - 論理ピラミッドとは何か?
  - 情報の重要度を2つの視点から考える
  - 箇条書きの論理ピラミッドはインデントで表現する

- サブステップ1 レベル感合わせ 081
  - サブ・サブステップ1　順番の入れ替え
  - サブ・サブステップ2　（グループ単位で）ピラミッド作り
  - インデント設定のTIPS

- サブステップ2 （グループ内で）ピラミッド作り 091
  - 「So What?」と「Why So?」
  - 展開、時系列の結果
  - 概念、重要性

ステップ④
第4章 MECEと メインメッセージを確認する

- 「ステップ④　MECEとメインメッセージを確認する」の全体像 108
- サブステップ1 MECEの確認 110
  - 箇条書きのグループ、箇条書きのMECEをチェックする

- サブステップ2 メインメッセージの確認 116
  - 箇条書きとグループをチェックする

ステップ⑤
第5章 要約して文章化する

- 「ステップ⑤　要約して文章化する」の全体像 120
- サブステップ1 メインメッセージとサブメッセージを合体させる 121
- サブステップ2 文章チェック 126

- 報告するときは、文章だけでなく箇条書きも送る ……………… 129
- 急がばまわれ ……………………………………………………… 133

第6章 MECEに分ける練習

- ロジカルシンキングの基本中の基本「MECE」 ………………… 136
  - MECEが身につくと箇条書き・要約のスキルが上がる

- MECEを考えるための4つの切り口 ……………………………… 139

- MECEの練習問題① 要素分解「これは全部のパーツがそろっている?」 … 140
  - 《練習問題①-1》人間の感覚はいくつ?
  - 《練習問題①-2》ランチ会のセッティング

- MECEの練習問題② 因数分解「この掛け合わせで全体を作れる?」 …… 143
  - 《練習問題②-1》メンバーの総労働時間を計算する
  - 《練習問題②-2》会社の売上を分解する

- MECEの練習問題③ 対称概念「天使と悪魔、どちらが強い?」 …… 146
  - 《練習問題③-1》どんなカゼ薬を買うべきか?
  - 《練習問題③-2》売上アップのための値引きは本当に必要か?

- MECEの練習問題④ 時系列「次に進むステップは何?」 ………… 150
  - 《練習問題④-1》企画書を作成する
  - 《練習問題④-2》プロジェクトをどう進める?

第7章 論理ピラミッドを作る練習

- 主張と根拠で論理のピラミッドを組み立てる 156
- 演繹法と帰納法 ──主張に根拠を示す2つの方法 157
- 演繹法の3つの武器 ──論理的根拠、専門家の意見、歴史的根拠 159
  - 《練習問題①》論理的根拠を使って提案する
  - 《練習問題②》専門家の意見を使って提案する
  - 《練習問題③》歴史的根拠にもとづいて提案する
- 帰納法をマスターしよう! 事実、統計、例示の3つの根拠を使った練習問題 167
  - 《練習問題④》売上低下の原因を数的根拠で解明する
  - 《練習問題⑤》新しい広告キャンペーンを統計的根拠により提案する
  - 《練習問題⑥》新しい在庫管理システムの導入効果を例示で示す

第8章 ビジネスシーンでの活用 ── 報告書、議事録、企画書の作成

- 箇条書き・要約を実際の仕事に使う 178
  - 自分のために要約のテクニックを活用しよう
- 練習問題① 報告書の作成 181
  - ステップ① 箇条書きを羅列する
  - ステップ② 箇条書きをグループに分ける
  - ステップ③ 論理ピラミッドを作る
  - ステップ④ MECEとメインメッセージを確認する
  - ステップ⑤ 要約して文章化する

- 練習問題② 議事録の作成 ･････････････････････････････････････ 189
  - ◉･･ スクリプトをもとに議事録を作成する
  - ◉･･ ステップ①　箇条書きを羅列する
  - ◉･･ ステップ②　箇条書きをグループに分ける
  - ◉･･ ステップ③　論理ピラミッドを作る
  - ◉･･ ステップ④　MECEとメインメッセージを確認する
  - ◉･･ ステップ⑤　要約して文章化する

- 練習問題③ 企画書の作成 ････････････････････････････････････ 202
  - ◉･･ ステップ①　箇条書きを羅列する
  - ◉･･ ステップ②　箇条書きをグループに分ける
  - ◉･･ ステップ③　論理ピラミッドを作る
  - ◉･･ ステップ④　MECEとメインメッセージを確認する
  - ◉･･ ステップ⑤　要約して文章化する

- 要約テクニックを活用してプレゼンスライドのスケルトンを作る ･････ 210

- おわりに ･･･ 214

※本文中で使用する素材(架空のプレスリリース)のWordファイルは以下より無料でダウンロードできます。
https://www.wave-publishers.co.jp/wp-content/uploads/ae04d52b81559c983753807615633356.docx

ブックデザイン：bookwall
カバー＆本文イラスト：サトウリョウタロウ
本文DTP＆図版制作：近藤真史
校正：小倉優子
編集＆プロデュース：貝瀬裕一(MXエンジニアリング)

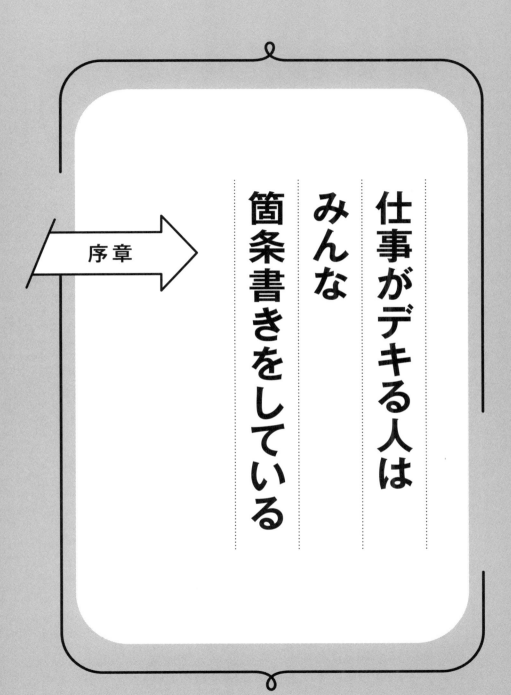

序章

仕事がデキる人はみんな箇条書きをしている

なぜ箇条書きがきちんと できる人は仕事がデキるのか？

「箇条書き」と聞くと、皆さんは何が思い浮かびますか？

- そうこんな感じで
- 点（・）ごとに何かしら重要そうなことが書かれている
- 文章のことです

「日々の仕事の中でよく使っている」という方もいらっしゃれば、「普段使うことはない」という方もいらっしゃるでしょう。

　私はこの本で「箇条書きをする＝要約をする」そして「要約が上手にできる人は仕事もデキる」という説を展開します。

　ビジネスの現場では長くて専門用語がたくさん登場する「難しい（読みづらい）文章」によく出くわします。

　たとえば、私が今朝受け取った報告書は5ページにわたり難解な文章がキチキチに詰め込まれ、おまけに図表は1つもないという代物でした。もし、こうした文章を端的な箇条書きにしてもらえたり、要約してもらえたら、とてもありがたいと思いませんか？

　長い文章を箇条書きにまとめられる人は、頭の中で2つのことができています。

　1つは情報の取捨選択。長い文章の中から自分を取り巻く状況を踏まえて必要な情報だけをピックアップしています。

　もう1つは再構成です。せっかく情報を取捨選択しても、単に文章

中に出てきた順番に並べればよいというものではありません。メッセージがよりわかりやすくなるように並べ替える必要があります。

　要約力がある人はみんな生産性が高いです。

　なぜなら、同じ時間内で扱える情報量が圧倒的に多いからです。「要約できる」とは「大きな情報の塊を小さく圧縮できる」ということです。それを箇条書きという誰にとっても読みやすい形でアウトプットができる。こうしたスキルを持った人は、どこに行っても重宝される存在になります。実際、私が社会人人生の中で出会った仕事がデキる人はみんな箇条書きが上手でした。

Check! 箇条書き力を高めるとビジネスパーソンとしての価値が爆上がりする

　本書では、箇条書きを作って情報を端的にまとめる能力を「箇条書き力」と呼びます。私は、箇条書き力の高い人たちを観察し、彼らのスキルを盗み、自分の仕事に応用してみました。すると、びっくりするくらい仕事の質とスピードが上がりました。なぜこんなにうまくいくのだろうか？　よく考えてみたところ、箇条書きを続けることで、次の5つの力が上がることがわかりました。

①理解力が上がる

　箇条書きによる要約とは、重要な情報を抽出することです。抽出するには取捨選択が必要です。

　文章内の重要な情報を取捨選択することで、その文章のコアとなるメッセージを抽出でき、重要でない情報を省けるようになるため、文章全体に対する理解が格段に深まります。

②分析力が上がる

　要約のプロセスでは、文章の塊ごとの関係性を見ていきます。分解して個々の要素のメッセージとそうした個々の要素を根拠とした全体のメッセージを探れるようになります。つまり、文章全体の構成を分析する力が上がるのです。

③論理的思考力と判断力が上がる

　文章の塊ごとの関係は、何を手がかりに探るのか？

本書ではロジカルシンキングを使います。ロジックに沿った文章を箇条書きで組み立てていくので、日々、箇条書きをしながら要約することはロジカルシンキングのトレーニングになります。

ロジカルシンキングの肝は主張とそれを支える根拠です。

また、ロジックに沿った箇条書きが書けるようになると、判断力も上がります。

④説明力が上がる

あらゆるビジネス文書は自分以外の人のために書きます。要約はその最たるものです。忙しい人のために長い文章を咀嚼した上で短くわかりやすくしてあげます。

私自身、管理職になって報告を受ける立場になってからよくわかったことがあります。「この人は何を言っているかよくわからない」と思ったときは、たいてい言っている本人もわかっていません。

ロジカルシンキングを使う要約の作業では文章を再構築します。再構築するには文章の内容をきちんと理解できている必要があります。そして、要約ができていれば、きちんと説明することができます。つまり、要約ができるようになると説明力が上がるというわけです。

⑤段取力が上がる

のちほど詳しく説明しますが、私は要約を行なうプロセスの中では、いったん紙に書き出すことを推奨しています。頭の中で一気にやるのではなく、箇条書きを紙に書き出して、あらかじめ決められたステップに沿って要約を組み立てていきます。

確かに頭の中で一気に考えるほうが、一見効率が良かったり、何より有能そうに見えます。しかし、書き出して段取りをしっかり組んだ上で要約をするほうが圧倒的に早く終わります。

たとえば、テレビの料理番組では調味料や食材はあらかじめ決められた分量に分けられたり、決められた形にカットされています。それを順番に調理していくので非常にスムーズです。オリーブオイルを入れる段階になってからオリーブオイルを棚から取り出して、分量を測っている料理番組はありませんよね。

いかがでしょうか？　要約はさまざまな能力から構成される総合力だとおわかりいただけたのではないでしょうか。

まずインプットした情報を分解、整理し、そして個々の箇条書きの文章の間の関係性を探ります。そして、整理した文章を伝えたい内容に合わせて再構成します。最後に箇条書きをもとに要約の文章を完成させます。

この一連のプロセスを行なう中で、皆さんは要約しようとしている文章の内容に精通することができます。そしてその内容を誰もが読みやすい文章の形である箇条書きという形式でアウトプットできます。その結果が要約です。要は、仕事がデキる人になれるということです。

> **Check!**

ほとんどのビジネスパーソンが要約ができていない

　要約のスキルが、ビジネスパーソンにとって大事であることはおわかりいただけたと思います。しかし、実際の現場ではどうでしょうか？「はじめに」に書いたように私は転職を繰り返して、いろいろな職場を体験しましたが、要約ができている人はほとんどいませんでした。ただ、要約ができる人たちのすごさが際立っていたおかげで、彼らを見つけることができて、マネすることもできました。

　なぜ要約のスキルはあまり広まらないのでしょうか？

　学生時代に、国語のテストで「この文章を○文字以内で要約しなさい」という問題がありましたよね（私はとても苦手でした）。ですから、勉強した人も多いと思いますし、そもそも先生が解答の書き方を教えてくれました。

　ところが、ビジネスの現場で要約の書き方を教わった経験がある人はほとんどいないのではないでしょうか。私が唯一「会社で教わった」と聞いたのは若手のコンサルタントの方でした。これは職業柄、クライアントに提出する必要があるからでしょう。

　学生時代のテストとは違って、社会人に求められる要約には完全な正解がありません。上司やクライアントが求める要約の内容はその時どきの状況に応じて変わります。それを踏まえた上で要約することが求められます。また、表現の仕方も伝わりやすいように、いろいろと

工夫する必要があります。学生時代のような制約はありません。ところが、ほとんどの会社では、社員に要約の技術を教えていません。ですから、ほとんどの人ができないのも無理はないでしょう。

　では、要約ができる人はどのようにスキルを身につけているのでしょうか？　結論から言えば、トライアル・アンド・エラーの繰り返しです。上司にダメ出しを何度もくらいながら、身につけます。何がいけないのか、どう直していいか上司も教えてくれません。なぜなら、上司自身も要約を体系的に習得したわけではないからです。

　上司は自分がトライアル・アンド・エラーで身につけたために、「何かがおかしい」とは思いつつも、「ここをこうするといいよ」と明確な指導ができません。

　もし、トライアル・アンド・エラーを繰り返しても、要約力が身につかないと、会社によっては「仕事ができない」「使えない」という烙印を押されてしまいます。

　もちろん、私自身も要約力をトライアル・アンド・エラーで身につけたので、いわば我流です。そのため職場や上司が変わると、それまでOKとされていた要約が急にNGになったりします。

　しかし、こうしたことが繰り返されるたびに修正をしていった結果、いつしか私はさまざまな職場で一定レベルの評価を得られる要約力を身につけました。ですから本書で解説するノウハウ、テクニックはほとんどの職場で通用すると言っても過言ではありません。

> Check!
>
> # 論理ピラミッドとMECEだけを
> # 押さえれば誰もが要約の達人になれる

　先ほど、この本で紹介する箇条書きと要約の作成にはロジカルシンキングを使うと述べました。

　人によっては、「箇条書き力、要約力を身につけたいのに、その前にロジカルシンキングを学ぶのか……」と気が重くなったかもしれません。でも、ご安心ください。本書で使うロジカルシンキングのテクニックは論理ピラミッド（ピラミッドストラクチャー）とMECEの2つだけです。

　論理ピラミッドはいかにも難しそうに聞こえますが、要約の中で「主張が○○、その根拠は□□」を明確にするだけのことです。

　たとえば、それほど重要ではないミーティングで参加者の発言を「これは主張」「これは根拠」と頭の中で分けながら聞いてみてください。驚くほど「主張と根拠」がセットになっていない発言が多いことに気づくはずです。

　たとえば「強く主張している割には根拠がない（根拠になっていない）」あるいは「根拠らしきことばかり言うのに主張（結局どうしたいのか）がない」などといったことが当たり前です。

　重要な問題を扱う場合、それでは話にならないので「主張と根拠」を明確にする必要があります。そのために必要なのが論理ピラミッドです。

　MECE（ミーシー）とは「Mutually Exclusive, Collectively Exhaustive」の略で、日本語では「相互排他的かつ全体的に網羅的」という意味で

す。簡単に言うと、「モレなくダブりなく」です。
　内容にモレやダブりがあるとよくないので、そうならないようにしましょうというだけのことです。

要約力を身につけるための5つのステップ

　この本で紹介する箇条書きとロジカルシンキングを使った要約の作成手順は次の通りです。おそらく多くの方に「簡単そうだ」「これならできそう」と思っていただけるのではないかと思います。

ステップ①　箇条書きを羅列する

　まず、ここでは題材となる文章の中で、ポイントとなりそうなところを箇条書きで書き出します。のちのステップにも共通しますが、コツはきちんと紙に書き出したり、パソコンに入力することです。

ステップ②　箇条書きをグループに分ける

　ステップ①で書き出した箇条書きを意味や関係性を切り口にして、グループに分けます。たとえば「この箇条書きのグループはこの話をしているな」とか「このグループは一連の手順の〇番目だな」などと、内容に合わせてグループ分けをします。

ステップ③　論理ピラミッドを作る

　ロジカルシンキングの論理ピラミッドを使います。すでに論理ピラミッドとは「主張と根拠をセットにする」とお伝えしました。ステップ②で分けたグループを論理ピラミッドとして組み立てます。

ステップ④　MECEとメインメッセージを確認する

　次に MECE で、箇条書きの中にモレやダブりがないかを確認します。また、その文章において最も重要なメインメッセージ（要約を受け取る相手に絶対に伝えたいこと）を確認します。

ステップ⑤　要約して文章化する

　最後に箇条書きを文章化して、要約が完成します。

　いかがでしょうか？
　単に「要約せよ」と言われると大変そうですが、このようなステップに分かれていれば、どの段階で何をすればよいかがわかるし、何をしたら次の段階に移れるのかもわかります。
　自分がやっている仕事の全体像や進み具合を確認しながら進められるため、長文や複雑な内容の文章であっても心理的に疲れにくくなります。

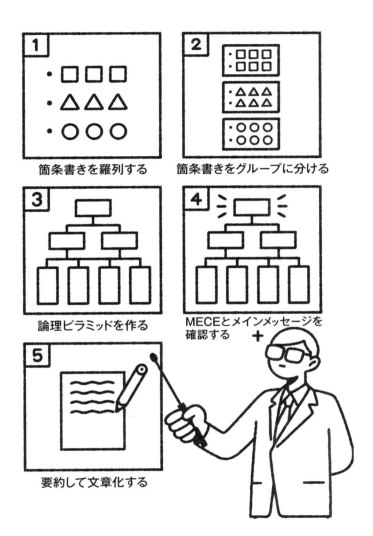

場当たり的に要約をするのではなく、一連のステップに沿ったこのやり方を繰り返すことで、着実に要約力が身につきます。もし、あなたがこれまで要約を書くたびにパソコンの前で考え込んでいたとしたら、それは正しい方法を知らなかったからです。もうそんなことはなくなります。

　本書で解説するステップの中では、箇条書きで情報を整理します。これをさまざまな素材を題材にして繰り返していただくうちに、皆さんの頭の中には情報のストックができます。

　先ほど、ステップ③の論理ピラミッドを作る際には、「主張と根拠をセットにする」と述べました。主張は文章ごとに異なりますが、根拠に関しては意外と共通点があることが多いです。なぜなら皆さんが属する業界で扱われるトピックはある程度の範囲内に収まっているからです。
　ある文章を要約したときに根拠として整理した内容が、ほかの文章の要約でも根拠として使えることがよくあります。要約をすることで、情報をコンパクトにして、ストックしておけるわけです。

Check!

生成AIには「価値がある」要約はできない

　この章の最後にAIに対する本書のスタンスについて述べておきます。

　最近はChatGPTをはじめとする生成AIが普及し、われわれの仕事をいろいろとサポートしてくれるようになりました。私もよく使っています。

　皆さんの中には、「文章の要約はChatGPTにまかせればいいのではないか？（わざわざ人間がやらなくてもよい）」と思っている方も多いのではないでしょうか。

　もちろん、私もおおむね賛成ですが、すべての要約をAIにまかせてしまうことには反対です。

　たとえば、上司から「要約して」と頼まれた場合を考えてみましょう。この場合、上司が知りたい重要な情報かそうでないか、興味を持ちそうかどうかといった情報の取捨選択をしながら、要約を作るべきです。AIには、こうした状況や文脈を考慮に入れることはできません。

　あるいは、場合によっては、要約するもとの文章には含まれてはいないものの、要約とともに伝えたほうがよい背景情報を追加するのがよい場合もあるでしょう。こうした情報もAIは入れてくれません。

　状況、文脈に応じて情報の重要度を判断し、それを簡潔に伝えることができるのは今のところ人間だけです。また、これができるからこそ、その仕事に「価値」が生まれるわけです。

　ですから、皆さんにはまずは本書で紹介する箇条書き、要約のステッ

プを身につけていただきたいと思います。自分が箇条書き力、要約力を身につけていれば、AIにやらせてみて、それをアレンジ、ブラッシュアップしてより価値の高い要約を作れるようになります。

　それでは、次の章から「ステップ①　箇条書きを羅列する」を見ていきましょう。

第1章

ステップ①
簡条書きを羅列する

プレスリリースを要約してみよう

　この章から要約の具体的な実践に入ります。

　皆さんもそうだと思いますが、私自身、何か新しいことを学ぶときは、「明日からすぐ使えるスキル」だとやる気が高まります。

　その一方で、何だかすごそうだけど自分の仕事では使う場面がなさそうだったり、内容があまりに高尚すぎるというときは、学んでいるその場では盛り上がったりしますが、頭に残りません。

　そうならないために、本書ではなるべく皆さんのお仕事に使えそうな素材として、架空の企業のプレスリリースを用意しました。このプレスリリースを要約するプロセスを通して、箇条書きと要約のテクニックを解説していきます。

　まずはこちらのプレスリリースをご覧ください 図 01-01 。

図 01-01　要約をする素材のプレスリリース

インテリジェントヘルスケアとビジョンメディカルズ、AI と医療の融合による革新的なヘルスケアサービス構築のために戦略的提携に合意し、共同出資会社を設立

202X 年 X 月 X 日

インテリジェントヘルスケア株式会社
ビジョンメディカルズ株式会社

インテリジェントヘルスケア株式会社とビジョンメディカルズ株式会社は、このたび、AIと医療の融合による革新的なヘルスケアサービス構築に向けて戦略的提携に合意し、新会社「ヘルスAIテクノロジーズ株式会社」（以下「ヘルスAI」）を設立して、202X年度内をめどに共同事業を開始します。ヘルスAIは、インテリジェントヘルスケアの「AIによる健康革命を」ビジョンとビジョンメディカルズの「最先端医療で人々を支える」理念を融合し、未来の医療社会の実現を目指します。

ヘルスAIの社名には「革新的な医療技術とAIを組み合わせて、すべての人に高度な健康管理を提供したい」という両社の願いが込められています。ヘルスAIは、ビジョンメディカルズの医療ノウハウとインテリジェントヘルスケアのAI技術を組み合わせ、病気の予防と早期発見を促進するパーソナライズされたヘルスケアソリューションを提供します。

まず、ヘルスAIでは、地方自治体向けにカスタマイズ可能な健康管理プログラムを展開します。このプログラムは、自治体の保健データとAI分析を統合して、住民一人ひとりに最適な健康推進策を提案し、医療費の削減と市民の生活品質の向上を目指します。202X年代半ばまでには、これらのサービスを全国の自治体や企業に広げ、AIがリアルタイムで個々の健康状態を分析し、必要な医療サポートを提供する「インテリジェント・ヘルスケアプラットフォーム」を展開します。たとえば、糖尿病患者向けに、彼らの生活習慣や血糖値データを分析し、個別に最適化された食事提案や運動プログラムをAIが自動で提供することで、病状の管理と健康の維持を支

> 援します。
>
> 202X年代半ばまでに展開予定の「AI-EHR（※1）システム」は、慢性疾患患者の日常生活をサポートし、地域社会における予防医療を革新します。このシステムは、電子健康記録をAI技術で強化し、各患者の特定のニーズに対応した治療計画の自動調整を可能にします。
>
> 将来的には、このテクノロジーを国際市場にも拡大し、世界中の医療システムの改善に貢献します。
>
> 【注】※1　AI Enhanced Electronic Health Records

いかがでしょう？

　内容は架空の会社のプレスリリースです。しかし、内容や構成は実際のプレスリリースをもとに作っているのでリアルに感じられると思います。

　それではこのプレスリリースを使って、「ステップ①　箇条書きで羅列する」をスタートします！

※編集部注：このプレスリリースのWordファイルは、以下より無料でダウンロードできます。
https://www.wave-publishers.co.jp/wp-content/uploads/ae04d52b81559c983753807615633356.docx

> Check!

「ステップ① 箇条書きで羅列する」の全体像

　さっそく「ステップ①　箇条書きで羅列する」を始めます。

　このあとのステップもそうですが、各ステップはさらに細かいステップに分かれています。この本では、そのステップ内の細かいステップを「サブステップ」と呼びます。下の 図01-02 のようなイメージです。

図 01-02

ステップ ①

箇条書きで羅列する

サブステップ 1

ポイントを箇条書きで抽出する

⇩

サブステップ 2

不明な用語を確認する

⇩

サブステップ 3

不要な情報をカットする

サブステップ1
ポイントを箇条書きで抽出する

「サブステップ1 ポイントを箇条書きで抽出する」から説明します。

まずは題材のプレスリリースについて、ポイントとなりそうなところを箇条書きで書き出してみましょう。最初は、「ポイントになりそうなところ」と言われてもピンとこないでしょう。ひとまず、要約するのであれば入れたほうがよさそうな「気になった部分」を箇条書きで書き起こしてみましょう。のちほど、不要な箇所を削除するステップを解説するので、ここでは「どうしようか?」と迷った部分は、そのまま箇条書きにしておきましょう。

●・・ 1つの箇条書きには1つの事柄を入れる

このときのコツは、1つの箇条書きには1つの事柄を入れることです。いったん思いつくまま書き出してみて、あとで見直しながら事柄1つずつに分解するのでもOKです。

さて、私は、プレスリリースの内容について次のように箇条書きで抽出しました 図 01-03 。

図 01-03

・インテリジェントヘルスケア株式会社とビジョンメディカルズ株式会社は、このたび、AIと医療の融合による革新的なヘルスケアサービス構築に向けて戦略的提携に合意した

- インテリジェントヘルスケア株式会社とビジョンメディカルズ株式会社が新会社を設立した
- 新会社の名前は、ヘルス AI テクノロジーズ株式会社（以下ヘルス AI）
- 202X 年度内をめどに共同事業を開始予定
- ヘルス AI は、インテリジェントヘルスケアの「AI による健康革命を」ビジョンとビジョンメディカルズの「最先端医療で人々を支える」理念を融合し、未来の医療社会の実現を目指す
- ヘルス AI の社名には「革新的な医療技術と AI を組み合わせて、すべての人に高度な健康管理を提供したい」という両社の願いが込められている
- **ヘルス AI は、ビジョンメディカルズの医療ノウハウとインテリジェントヘルスケアの AI 技術を組み合わせ、病気の予防をする**
- **早期発見を促進する**
- **パーソナライズされたヘルスケアソリューションを提供する**
- まず、ヘルス AI は、地方自治体向けにカスタマイズ可能な健康管理プログラムを展開する
- このプログラムは、自治体の保健データと AI 分析を統合して、住民一人ひとりに最適な健康推進策を提案し、医療費の削減と市民の生活品質の向上を目指す
- 202X 年代半ばまでには、これらのサービスを全国の自治体や企業に広げ、AI がリアルタイムで個々の健康状態を分析し、必要な医療サポートを提供する「インテリジェント・ヘルスケアプラットフォーム」を展開する
- たとえば、糖尿病患者向けに、彼らの生活習慣や血糖値デー

タを分析し、個別に最適化された食事提案や運動プログラムを AI が自動で提供することで、病状の管理と健康の維持を支援する
・202X 年代半ばまでに展開予定の「AI-EHR システム」は、慢性疾患患者の日常生活をサポートし、地域社会における予防医療を革新する
・このシステムは、電子健康記録を AI 技術で強化し、各患者の特定のニーズに対応した治療計画の自動調整を可能にする
・将来的にはこのテクノロジーを国際市場にも拡大し、世界中の医療システムの改善に貢献する

　プレスリリースの原文と突き合わせてみるとわかりますが、ほとんどが原文を箇条書きで分解しただけです。簡単ですよね？　紙のノートに書き出すのは大変ですが、パソコンだったら、改行して箇条書きに設定するだけです。

　なお、太字の下線を引いた部分は、もともと「ヘルス AI は、ビジョンメディカルズの医療ノウハウとインテリジェントヘルスケアの AI 技術を組み合わせ、病気の予防と早期発見を促進するパーソナライズされたヘルスケアソリューションを提供します。」という長い一文でした。
　さらに一文の中に複数の意味の塊があったので、分解しました。ここでは便宜上太字にしていますが、皆さんが箇条書きで抽出する場合には、一文を分解しても太字にする必要はありません。
　このあとで整理しやすいように、1 つの箇条書きに 1 つの意味が入るように分割しました。これで「サブステップ1　ポイントを箇条書きで抽出する」は終わりです。

サブステップ2
不明な用語を確認する

　ここから「サブステップ2 不明な用語を確認する」を解説します。何をやるかというと、サブステップ1で作った箇条書きの中で、不明な用語や理解できない単語がないかを確認します。

　不明な用語や理解できない単語を調べずに、そのまま上司に報告してしまうと、上司から「これってどういう意味?」と質問されたときに答えられず、困ってしまうという気まずい状況に陥ってしまいます。
　私自身、急いでいたり、うっかりしていると、いまだにこれをやってしまうことがあります。皆さんはいかがでしょうか?

　Word上で原文を単純に分解・改行して箇条書き機能を使うと、サブステップ1はすぐにできてしまいます。そのため、きちんと確認しないと、不明な用語や理解できない単語をそのまま残してしまいがちです。
　たとえば、先ほどサブステップ1で作成した箇条書きの中に、次の一文がありました 図 01-04 。

> 図 01-04
> ・202X年代半ばまでに展開予定の「AI-EHRシステム」は、慢性疾患患者の日常生活をサポートし、地域社会における予防医療を革新する

文中の「AI-EHRシステム」とは何でしょうか?

プレスリリース原文には「注」がついていて、「AI Enhanced Electronic Health Records」のことだとあります。

　この箇条書きを上司に報告したときに「この"AI-EHR システム"とはどういうものなの？」と聞かれたとしたら、多くの方が「AI Enhanced Electronic Health Records のことです」と反射的に答えてしまうのではないでしょうか。もちろん間違いではないのですが、これに対して次に上司から返ってくるのは「では、AI Enhanced Electronic Health Records とは何？」という質問です。

　ですから、**知らない専門用語が出てきたときは、単に何の略語かを調べるだけではなく、それがどういう意味なのかをきちんと説明できるようにしておきましょう。**

　上司は意外とこういうところを見ています。

　上司から資料の要約を頼まれたとき、皆それなりのレベルのものを提出できます。しかし、さらに突っ込んだ質問をされたときに、答えに詰まる人ときちんと答えられる人に分かれます。このときの対応によって上司からの評価に差がつきます。

●•• 一見どうでもよさそうな略語が重要なことも

　さて、「AI Enhanced Electronic Health Records」をインターネットで調べると、そのまま一連の単語としては使われていないようです。どうやら「AI Enhanced」と「Electronic Health Records」は分けられるようで、「Electronic Health Records」は電子健康記録のことでした。

　このほか似た言葉として、「Electronic Medical Records」という言葉も見つかりました。これは電子カルテのことで、医療機関ごとに独

自に運用されるシステムです。

　一方の電子健康記録「Electronic Health Records」は、医療機関や地域をまたいだ情報共有システムです。

　今回のプレスリリースでは、「地方自治体や企業に展開する」「プラットフォームを展開する」「広く情報ネットワークを展開」といった旨の記述が多く見られます。

　すると、電子健康記録か電子カルテかの違いは大きそうです。

　このように一見どうでもよさそうな略語が、実は大事だったということがあります。上司に質問されたときに、「これは電子健康記録のことです。電子カルテとは違います。ちなみに両者の違いは……」とバシっと答えられたら、カッコいいですし、上司からの評価も上がるでしょう。

　さて、もう１つの「AI Enhanced」ですが、こちらも検索してもそのままの言葉はヒットしませんでした。

　ただし、「Enhanced」を調べると「強化された」という意味だと判明したので、「AI Enhanced」とは「AIによって強化された」といった意味で考えてよさそうです。ちなみに、これが「Enhanced AI」と順番が入れ替わると「強化された AI」となり、意味がまったく異なってしまいます。

　これで「サブステップ2　不明な単語を確認する」は終わりです。

サブステップ3
不要な情報をカットする

続いて「サブステップ3　不要な情報をカットする」を解説します。

ここでやることは、サブステップ1で書き出した箇条書きのうち、今回の要約で不要と思われるものをカットすることです。慣れてくると、サブステップ1の書き出しの段階で、情報を取捨選択できるようになり、不要と思われるものは書き出さないようになります。

ただ、このあとでも触れますが、多くの人が情報をカットすることに不安を感じたり、躊躇したりします。そのため、サブステップ1で「これは残そうか、それともカットしようか」とウンウン悩むくらいだったら、慣れるまではひとまず残して先に進みましょう。あとでカットするタイミングはいくらでもありますから。

今回は、次の箇条書きをカットしました 図01-05 。

図01-05

・インテリジェントヘルスケア株式会社とビジョンメディカルズ株式会社は、このたび、AIと医療の融合による革新的なヘルスケアサービス構築に向けて戦略的提携に合意した

「戦略的提携」という言葉がいかにも重要そうです。

何かが融合して革新的な何かができるなんて、とても大変なことが起こっている印象を受けます。でもよく考えてみれば、共同で新会社を設立するくらいだから、提携するのは当然でしょう。

また、投資家をはじめとする社外に向けて発表するプレスリリースなので、革新的という言葉をつかうのも別に意外でもありません。プレスリリースを出してまで「普通のレベルのサービス」をアピールしようという企業は少ないでしょう。

結局、プレスリリースにはサービスの具体的な内容が書かれているので、そのサービスが実際に革新的かどうかは読んだ人がそれぞれ独自の観点から判断するでしょう。

●・・ カットの基準は「誰に読ませるか」で変わる

カットするかどうかの判断で一番大事なのは、今皆さんが作っている要約は**「誰に読んでもらうもので、その人に何を伝えたいか？」**という判断基準を持つことです。おそらく最も多いのは上司に読んでもらうというケースだと思います。

あるいは、社外の取引先や顧客に宛ててということもあるかもしれません。

この「誰に読んでもらうか」の違いで、どの情報が必要／不要なのかの判断が分かれます。今のところ、このような判断はAIにはできません。誰が何をどこまで知っているか、何を知りたいと思っているのかは、状況全体を把握している皆さんしかわかりません。

皆さんしかできないことをやるので、**情報をきちんと要約することが付加価値になる**のです。なお、言うまでもありませんが、「誰にとっても大事な情報」は残しておくようにしましょう。

情報はなるべく少なくしたほうが読み手に親切

先ほど「ウンウン悩むくらいだったらひとまず残せばいい」と言ったばかりですが、さっそく逆のことを言います。

これまで多くのビジネスパーソンを見てきて感じるのが、情報は多ければ多いほうがよいと思っている人が多いということです。

自分の判断で勝手に情報をカットしてはもったいないとか、もしかしたら相手が欲しい情報をカットしてしまうのではないかという不安。あるいは、必要な情報をカットしてしまって失敗するくらいだったら、多少冗長になってもいいので残しておこうという気づかい。はたまた、自分はこれだけの情報を知っているんだ、これだけ要約前は長い文だったんだ、ということをアピールしたいなど。

このように理由はさまざまですが、とにかくカットすることをためらう人がたくさんいます。

そのような方たちに言いたいのは、**「情報が多いことはサービスではない」**ということです。情報が多いとかえって大事なことが埋もれてしまいます。大事なことが埋もれてしまっては、伝えていないのと同じです。相手に情報を渡しつつも、肝心なポイントをほかの重要でない情報の中に埋もれさせて、わかりにくくしているので、かえってたちが悪いです。

ですので、もし皆さんが相手に対するサービスのつもりで「情報をカットしない」と判断しそうになったときは、次のように考えてください。

「情報の塊から、不必要な部分をそぎ落としてコアな部分だけ残して渡してあげることこそ真のサービス」であると。

さて、カットするときのポイントは、「報告する相手はどのようなニーズにもとづいて要約を求めているのか」を考えてみることです。多くの人が、情報を必要以上に多く残してしまいがちであることを踏まえれば、少しでも、「この情報は必要かな？」と思ったらカットするのがよいでしょう。

ごく簡単なことから始めるのが仕事のコツ

　これで「ステップ①　箇条書きで羅列する」は終了です。
　最初のステップいかがでしたか？
　いろいろ説明しましたが、やったことといえば、原文を分解して箇条書き化、そして不要部分をカットしただけです。慣れればすぐにで

きるようになります。

　最初にこのような簡単にできるステップがあることは実務において
は重要です。なぜなら、これくらい簡単であれば「とりあえずこれだ
けやってみるか」となり、「なかなか仕事に手をつけられない」自分
をうまくだませるからです。

　私はいつもこのように自分をだまして、とにかく仕事に着手するよ
うにしています。性格的に一度はじめた仕事はたいてい最後までやり
切ってしまうので、最初のステップをできるだけ簡単にしておくこと
で、仕事を効率的に片づけられるのです。

例文の箇条書き例

最後に、私がこの章で作った箇条書きを例として掲載しておきます 図 01-6 。

> 図 01-6
> ・インテリジェントヘルスケア株式会社とビジョンメディカルズ株式会社が新会社を設立した
> ・新会社の名前は、ヘルス AI テクノロジーズ株式会社（以下ヘルス AI）
> ・202X 年度内をめどに共同事業を開始予定
> ・ヘルス AI は、インテリジェントヘルスケアの「AI による健康革命を」ビジョンとビジョンメディカルズの「最先端医療で人々を支える」理念を融合し、未来の医療社会の実現を目指す
> ・ヘルス AI の社名には「革新的な医療技術と AI を組み合わせて、すべての人に高度な健康管理を提供したい」という両社の願いが込められている
> ・**ヘルス AI は、ビジョンメディカルズの医療ノウハウとインテリジェントヘルスケアの AI 技術を組み合わせ、病気の予防をする**
> ・**早期発見を促進する**
> ・**パーソナライズされたヘルスケアソリューションを提供する**

・まず、ヘルス AI は、地方自治体向けにカスタマイズ可能な健康管理プログラムを展開する

・このプログラムは、自治体の保健データと AI 分析を統合して、住民一人ひとりに最適な健康推進策を提案し、医療費の削減と市民の生活品質の向上を目指す

・202X 年代半ばまでには、これらのサービスを全国の自治体や企業に広げ、AI がリアルタイムで個々の健康状態を分析し、必要な医療サポートを提供する「インテリジェント・ヘルスケアプラットフォーム」を展開する

・たとえば、糖尿病患者向けに、彼らの生活習慣や血糖値データを分析し、個別に最適化された食事提案や運動プログラムを AI が自動で提供することで、病状の管理と健康の維持を支援する

・202X 年代半ばまでに展開予定の「AI-EHR システム」は、慢性疾患患者の日常生活をサポートし、地域社会における予防医療を革新する

・このシステムは、電子健康記録を AI 技術で強化し、各患者の特定のニーズに対応した治療計画の自動調整を可能にする

・将来的にはこのテクノロジーを国際市場にも拡大し、世界中の医療システムの改善に貢献する

第2章

ステップ②
箇条書きを
グループに分ける

「ステップ② 箇条書きを グループに分ける」の全体像

　この章では、「ステップ② 箇条書きをグループに分ける」の説明をします。このステップも次の 図 02-01 のように、3つのサブステップがあります。

図 02-01

ステップ ②
箇条書きをグループに分ける

サブステップ 1
グループ分け

⇩

サブステップ 2
順番関係の確認

⇩

サブステップ 3
グループ名をつける

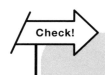

サブステップ 1
グループ分け

　サブステップ①では、第1章の「ステップ①　箇条書きで羅列する」で用意した箇条書きを、内容が似たもの同士でグループに分けます。こうすることで、このあとのステップで整理しやすくなります。

　さて、今回題材として使っている架空のプレスリリースのようなあらかじめ作り込まれた素材のグループ分けは簡単です。

　次ページの 図02-02 は、もとのプレスリリース本文とその箇条書きを左右に並べたものです。本文の区切りがほとんどそのままグループ分けの区切りになっています。

図 02-02

（プレスリリース）

インテリジェントヘルスケア株式会社とビジョンメディカルズ株式会社は、このたび、AI と医療の融合による革新的なヘルスケアサービス構築に向けて戦略的提携に合意し、新会社「ヘルス AI テクノロジーズ株式会社」（以下「ヘルス AI」）を設立して、202X 年度内をめどに共同事業を開始します。ヘルス AI は、インテリジェントヘルスケアの「AI による健康革命を」ビジョンとビジョンメディカルズの「最先端医療で人々を支える」理念を融合し、未来の医療社会の実現を目指します。

ヘルス AI の社名には「革新的な医療技術と AI を組み合わせて、すべての人に高度な健康管理を提供したい」という両社の願いが込められています。ヘルス AI は、ビジョンメディカルズの医療ノウハウとインテリジェントヘルスケアの AI 技術を組み合わせ、病気の予防と早期発見を促進するパーソナライズされたヘルスケアソリューションを提供します。

まず、ヘルス AI では、地方自治体向けにカスタマイズ可能な健康管理プログラムを展開します。このプログラムは、自治体の保健データと AI 分析を統合して、住民一人ひとりに最適な健康推進策を提案し、医療費の削減と市民の生活品質の向上を目指します。

202X 年代半ばまでには、これらのサービスを全国の自治体や企業に広げ、AI がリアルタイムで個々の健康状態を分析し、必要な医療サポートを提供する「インテリジェント・ヘルス

（ステップ1で作った箇条書き）

・インテリジェントヘルスケア株式会社とビジョンメディカルズ株式会社が新会社を設立した

・新会社の名前は、ヘルスAIテクノロジーズ株式会社（以下ヘルスAI）

・202X年度内をめどに共同事業を開始予定

・ヘルスAIは、インテリジェントヘルスケアの「AIによる健康革命を」ビジョンとビジョンメディカルズの「最先端医療で人々を支える」理念を融合し、未来の医療社会の実現を目指す

・ヘルスAIの社名には「革新的な医療技術とAIを組み合わせて、すべての人に高度な健康管理を提供したい」という両社の願いが込められている

・ヘルスAIは、ビジョンメディカルズの医療ノウハウとインテリジェントヘルスケアのAI技術を組み合わせ、病気の予防をする

・早期発見を促進する

・パーソナライズされたヘルスケアソリューションを提供する

・まず、ヘルスAIでは、地方自治体向けにカスタマイズ可能な健康管理プログラムを展開する

・このプログラムは、自治体の保健データとAI分析を統合して、住民一人ひとりに最適な健康推進策を提案し、医療費の削減と市民の生活品質の向上を目指す

・202X年代半ばまでには、これらのサービスを全国の自治体や企業に広げ、AIがリアルタイムで個々の健康状態を分析し、必要な医療サポートを提供する「インテリジェント・

ケアプラットフォーム」を展開します。たとえば、糖尿病患者向けに、彼らの生活習慣や血糖値データを分析し、個別に最適化された食事提案や運動プログラムをAIが自動で提供することで、病状の管理と健康の維持を支援します。

202X年代半ばまでに展開予定の「AI-EHR[1]システム」は、慢性疾患患者の日常生活をサポートし、地域社会における予防医療を革新します。このシステムは、電子健康記録をAI技術で強化し、各患者の特定のニーズに対応した治療計画の自動調整を可能にします。

将来的には、このテクノロジーを国際市場にも拡大し、世界中の医療システムの改善に貢献します。

ヘルスケアプラットフォーム」を展開する

- たとえば、糖尿病患者向けに、彼らの生活習慣や血糖値データを分析し、個別に最適化された食事提案や運動プログラムを AI が自動で提供することで、病状の管理と健康の維持を支援する

- 202X 年代半ばまでに展開予定の「AI-EHR システム」は、慢性疾患患者の日常生活をサポートし、地域社会における予防医療を革新する

- このシステムは、電子健康記録を AI 技術で強化し、各患者の特定のニーズに対応した治療計画の自動調整を可能にする

- 将来的にはこのテクノロジーを国際市場にも拡大し、世界中の医療システムの改善に貢献する

プレスリリースやスピーチの原稿は、発信する側は事前に伝える内容をしっかり整理し、文章の構成や表現を練りに練ります。そのため、完成度が高い文章になっています。

一方で、会議、ディスカッション、対談のように、参加者がその場の思いつきで話し、展開もあらかじめ決まっていないものをまとめる作業は大変です。私も何度も経験しましたが、ステップ①で用意した箇条書きを改めてグループ分けしてみると、さまざまなトピックに話が広がっているのがわかります。

あちこちにとっ散らかった議論をまとめるのは大変な作業ですが、グループ分けのしがいがあります。というのも、もととなった議論がハチャメチャであればあるほど、それをきちんと整理した要約の価値が増して、周りから感謝されるからです。

さて、今回はプレスリリースであるため、箇条書きを多少移動させる必要はあったものの、グループ分けは基本的には本文のパラグラフとほぼ同じ流れで区切ることができました。

図 02-03 のように４つのグループに分けることができました。

１つ目のグループは、「新会社ができた」という情報です。２つ目は、ヘルス AI のビジョンと名前の由来を集めました。３つ目は、ヘルス AI の事業内容についてです。４つ目は、ヘルス AI の今後の事業展開についてです。

図 02-03

【１つ目のグループ】
・インテリジェントヘルスケア株式会社とビジョンメディカ
　ルズ株式会社が新会社を設立した

・新会社の名前は、ヘルス AI テクノロジーズ株式会社（以下ヘルス AI）
・202X 年度内をめどに共同事業を開始予定
・ヘルス AI は、インテリジェントヘルスケアの「AI による健康革命を」ビジョンとビジョンメディカルズの「最先端医療で人々を支える」理念を融合し、未来の医療社会の実現を目指す

【2つ目のグループ】
・ヘルス AI の社名には「革新的な医療技術と AI を組み合わせて、すべての人に高度な健康管理を提供したい」という両社の願いが込められている

【3つ目のグループ】
・ヘルス AI は、ビジョンメディカルズの医療ノウハウとインテリジェントヘルスケアの AI 技術を組み合わせ、病気の予防をする
・早期発見を促進する
・パーソナライズされたヘルスケアソリューションを提供する
・まず、ヘルス AI では、地方自治体向けにカスタマイズ可能な健康管理プログラムを展開する
・このプログラムは、自治体の保健データと AI 分析を統合して、住民一人ひとりに最適な健康推進策を提案し、医療費の削減と市民の生活品質の向上を目指す
・202X 年代半ばまでには、これらのサービスを全国の自治体や企業に広げ、AI がリアルタイムで個々の健康状態を分析し、必要な医療サポートを提供する「インテリジェント・

ヘルスケアプラットフォーム」を展開する

・たとえば、糖尿病患者向けに、彼らの生活習慣や血糖値データを分析し、個別に最適化された食事提案や運動プログラムを AI が自動で提供することで、病状の管理と健康の維持を支援する

【4つ目のグループ】

・202X 年代半ばまでに展開予定の「AI-EHR システム」は、慢性疾患患者の日常生活をサポートし、地域社会における予防医療を革新する

・このシステムは、電子健康記録を AI 技術で強化し、各患者の特定のニーズに対応した治療計画の自動調整を可能にする

・将来的にはこのテクノロジーを国際市場にも拡大し、世界中の医療システムの改善に貢献する

● ・・「情報の重要度」のアタリをつけておく

　さて、グループ分けをしたときに1つ考えておきたいことがあります。それは、「この中で情報の重要度を考えたときに、どのグループが一番最初にくるのか？」ということです。

　このあとのステップでは、重要なメッセージを特定するプロセスがあります。ここでは、その前の段階でアタリをつけておきます。なぜなら、事前にアタリをつけることで、力を入れるべきところとあまり注力しなくてもよいところを区別しておきたいからです。

　このあともステップに沿って要約を作るための作業を続けていきま

すが、その作業においては一応どの箇条書きも同じように扱います。すると、作業しているうちにどの箇条書きも同じような重要度を持っているかのように錯覚してしまいます。

しかし実際には、情報の重要度が異なりますし、重要度に応じて力を入れるべきところと力を抜いてもよいところがあります。そのアタリを先につけておくのです。

もちろんアタリなので、あとで「やっぱりこちらの箇条書きのほうが重要だった」となってもかまいません。大事なのは、アタリをつけることで、各箇条書きの重要度に違いがあると意識することです。

さて、今回4つのグループができたわけですが、皆さんはこの中で重要なものはどれだと思いますか？

散々説明しておきながら、はぐらかすようで恐縮ですが、答えは「場合による」となります。

どういうことでしょうか？

これは要約を作っている皆さん、あるいは要約の作成を指示した上司がどういう目的でこの情報に接しているかによって重要度は変わってくるということです。

たとえば、皆さんの会社が、ある会社と競合関係にあるとします。そうなると、3つ目の事業内容を詳しく知りたいと思うはずです。どのくらい自社のサービスと競合するのかを知りたいですよね。

もしくは皆さんが投資銀行の社員ならどうでしょうか？

4つ目の未来の事業展開に関心を持つはずです。皆さんが予想する未来像にフィットするような事業展開をするのか、もしくは別の方向に向かうのか。これに基づいて、この会社に投資するかどうかを検討

するでしょう。

　ここで重要なのは、先ほどの繰り返しになりますが、以上のようなことを踏まえて、重要度のアタリをつけることです。これを少し難しく表現すると「文脈で考える」「コンテクストを踏まえる」などといいます。

　ぜひ、このアタリをつけるという一手間をかけていただきたいと思います。今注目されている生成AIでは、そこに書かれていること以上のことまで思考することはできません。この一手間によって、要約に皆さんの個性を反映させることができます。

　重要度については、第3章「ステップ③　論理ピラミッドを作る」で詳しく解説します。

　これで「サブステップ1　グループ分け」は終わりです。

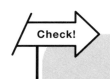

サブステップ 2
順番関係の確認

　ここからは「サブステップ2　順番関係の確認」を見ていきます。
　サブステップ1でグループに分けましたが、ここではグループ内で個々の要素が順番関係になっていないかどうかをチェックします。もし順番関係になっていたら、箇条書きの「・」を番号に置き換えます。

　順番関係とは、グループ内の要素が一連のプロセスのような関係になっており、「これの次はあれ、あれの次はこれ」という具合に意味が順序立って流れていく関係のことです。
　グループ内の要素の順番関係のほかに、グループ単位で順番関係になっている場合もあります。それについても確認しておきます。順番関係は、大きく分けて次の3つがあります。

①時系列に沿った順番関係
②プロセスなどの順番関係
③起承転結などの順番関係

①時系列に沿った順番関係

　まずは1つ目の時系列に沿った順番関係を見ていきます。
　今回のプレスリリースを見ると、【3つ目のグループ】と【4つ目のグループ】がこの順番関係になっていそうです。目標とする年度がありつつ、まずはこれをやって、何年までにあれをやるといった順番関

係になっています。

　まず【3つ目のグループ】 図02-04 について、私は次のような順番関係を作りました。

図02-04

【3つ目のグループ】

・ヘルスAIは、ビジョンメディカルズの医療ノウハウとインテリジェントヘルスケアのAI技術を組み合わせて
　　・病気の予防をする
　　・早期発見を促進する
　　・パーソナライズされたヘルスケアソリューションを提供する
・まず、ヘルスAIでは、地方自治体向けにカスタマイズ可能な健康管理プログラムを展開する
　　・このプログラムは、自治体の保健データとAI分析を統合して、住民一人ひとりに最適な健康推進策を提案し、医療費の削減と市民の生活品質の向上を目指す
・202X年代半ばまでには、これらのサービスを全国の自治体や企業に広げ、AIがリアルタイムで個々の健康状態を分析し、必要な医療サポートを提供する「インテリジェント・ヘルスケアプラットフォーム」を展開する
　　・たとえば、糖尿病患者向けに、彼らの生活習慣や血糖値データを分析し、個別に最適化された食事提案や運動プログラムをAIが自動で提供することで、病状の管理と健康の維持を支援する

最初に事業内容が語られています。要は「病気の予防サービス」ということです。「病気の予防をする」と「早期発見を促進する」をカッコよく言うと、「パーソナライズされたヘルスケアソリューションを提供する」ということになるようです。

　次に、「ヘルスAIは、地方自治体向けにカスタマイズ可能な健康管理プログラムを展開する」。

　そして最後に「202X年代半ばまでには、これらのサービスを全国の自治体や企業に広げて『インテリジェント・ヘルスケアプラットフォーム』を展開する」。

　このような形で箇条書きが時系列に沿った順番関係になります。

　なお、図02-04 で書き出しが「・病気の予防をする」「・早期発見を促進する」「・パーソナライズされた……」「・このプログラムは……」「・たとえば、糖尿病……」で始まる箇条書きは一字下げしています。このように行頭に空白を入れることを**「インデント」**といいます。

　このように一段下げることで、その上位の箇条書きに含まれることを示しています。

「・病気の予防をする」「・早期発見を促進する」「・パーソナライズされた……」は、前の「AI技術を組み合わせて」提供するサービスの具体例が語られています。

「・このプログラムは……」は上にある「地方自治体向けのカスタマイズ可能な健康管理プログラム」の具体的な説明です。

「・たとえば、糖尿病……」も上にある「インテリジェント・ヘルスケアプラットフォーム」が具体的にどのようなことができるのかを説明しています。

　順番関係がある箇条書きは「・」を番号に変えておきます。以上を反映すると、次ページの 図02-05 のようになります。

> **図 02-05**
>
> 【3つ目のグループ】
>
> 1. ヘルス AI は、ビジョンメディカルズの医療ノウハウとインテリジェントヘルスケアの AI 技術を組み合わせて
>   - ・病気の予防をする
>   - ・早期発見を促進する
>   - ・パーソナライズされたヘルスケアソリューションを提供する
> 2. まず、ヘルス AI は、地方自治体向けにカスタマイズ可能な健康管理プログラムを展開する
>   - ・このプログラムは、自治体の保健データと AI 分析を統合して、住民一人ひとりに最適な健康推進策を提案し、医療費の削減と市民の生活品質の向上を目指す
> 3. 202X 年代半ばまでには、これらのサービスを全国の自治体や企業に広げ、AI がリアルタイムで個々の健康状態を分析し、必要な医療サポートを提供する「インテリジェント・ヘルスケアプラットフォーム」を展開する
>   - ・たとえば、糖尿病患者向けに、彼らの生活習慣や血糖値データを分析し、個別に最適化された食事提案や運動プログラムを AI が自動で提供することで、病状の管理と健康の維持を支援する

　ご覧のようにグループ内の順番関係がよりクリアになります。こうしてみると、番号によって順番関係が明確に、そしてインデントによって上位・下位の概念が一目でわかるようになりますね。

●・・②プロセスなどの順番関係

【4つ目のグループ】 図 02-06 には、次のような順番関係がありそう
です。

図 02-06

【4つ目のグループ】
・202X 年代半ばまでに展開予定の「AI-EHR システム」は、
　慢性疾患患者の日常生活をサポートし、地域社会における
　予防医療を革新する
・このシステムは、電子健康記録を AI 技術で強化し、各患者
　の特定のニーズに対応した治療計画の自動調整を可能にす
　る
・将来的にはこのテクノロジーを国際市場にも拡大し、世界
　中の医療システムの改善に貢献する

　まず、202X 年代半ばまでに展開予定の「AI-EHR システム」が地
域社会における予防医療を革新すると。そしてそのさらに先の将来は、
このテクノロジーを世界展開するとのことです。

　つまり、「まずは国内展開をして、その上で世界展開を狙います」
という順番になっているわけです。逆を言えば、いきなり世界展開す
るわけではありません。

　このような順番関係を私は「プロセス的な順番関係」と呼んでいま
す。何か1つのことをしてから、それを元に次の段階に進むというこ
とです。

　これは料理にたとえるとわかりやすいでしょう。たとえば野菜炒め
であれば、野菜を洗って皮をむいてから適当なサイズに切って炒める。

最初から炒めてしまってはいけないわけです。

さて、このような順番関係にある箇条書きは、どうするのでしたか？

そうです。「・」を番号にするのでした。以下に箇条書きに番号を振ったものを示します 図 02-07 。

図 02-07

【4つ目のグループ】

1. 202X 年代半ばまでに展開予定の「AI-EHR システム」は、慢性疾患患者の日常生活をサポートし、地域社会における予防医療を革新する
   ・このシステムは、電子健康記録を AI 技術で強化し、各患者の特定のニーズに対応した治療計画の自動調整を可能にする
2. 将来的にはこのテクノロジーを国際市場にも拡大し、世界中の医療システムの改善に貢献する

ここでもインデントを使っています。インデントが入った箇条書きで語られる「このシステムは～」は、上位の箇条書きにある「AI-HERシステム」の説明にあたります。

これで【4つ目のグループ】の順番関係も整理ができました。次に、今回のプレスリリースの本文中にはありませんでしたが、もう1つ順番関係の例を紹介します。

●・・③起承転結などの順番関係

今回のプレスリリースにはありませんでしたが、順番関係の3つ目のパターンとして、話の展開による起承転結の順番関係があります。

通常、報告書や議事録では話の展開を残すことはあまりありません。なぜなら、これらで大事なのは展開ではなく結果だからです。報告書では何が報告されているのか、議事録では結局どのようなアクションをとることになったか。どのようなディスカッション（話の流れ）を経て、その結果に至ったのかは残しません。

　それに対してプレゼンテーションやストーリー仕立てのスピーチなどでは、起承転結が重要になります。ストーリーとして展開することで聞き手を惹きつけるわけです。
　1つ例を作ってみました。下記は、あるプレゼンテーションの一部です。企画がどういう経緯で推進されることになったかを説明しています。

・金曜日の夜、残業で1人オフィスに残る。偶然見つけた古いレポートが、新しい企画のヒントになった
・週明け、そのアイデアをさりげなくチームミーティングで提案。皆の反応は意外と冷ややかだった
・ランチ時、カフェテリアの列で偶然CEOと並び、その企画について話す機会を得る。彼の興味を惹くことに成功した
・CEOのあと押しでプロジェクトが青信号に切り替わる。金曜日の夜の残業が思わぬ展開を見せた。その企画こそ今回推進するプロジェクトの出発点に

　これはまさに起承転結になっていますよね。このように話に展開があるものも、順番関係です。この箇条書きは、次のように起承転結になっています。

065

起：金曜日の夜、残業で1人オフィスに残る。偶然見つけた古い
　　レポートが、新しい企画のヒントになった
承：週明け、そのアイデアをさりげなくチームミーティングで提案。
　　皆の反応は意外と冷ややかだった
転：ランチ時、カフェテリアの列で偶然CEOと並び、その企画
　　について話す機会を得る。彼の興味を惹くことに成功した
結：CEOのあと押しでプロジェクトが青信号に切り替わる。金曜
　　日の夜の残業が思わぬ展開を見せた。その企画こそ今回推
　　進するプロジェクトの出発点に

　残業をしていたら古いレポートを見つけたことが「起」、導入部分
です。
　そして、チームにアイデアをシェアしたけれど冷たい反応だったこ
とが「承」、導入部分の発展です。
　次に偶然CEOにそのアイデアを伝えたら興味を惹いたことが「転」、
話の転換点（転機）です。
　最後に、CEOからGOサインが出て、プロジェクトを推進するこ
とになった。これが「結」、最後の結論部分です。

　こうした話の展開関係も順番関係の一種といえるでしょう。その場
合も順番関係がわかるように「・」ではなく、番号を振ります。

**1. 金曜日の夜、残業で1人オフィスに残る。偶然見つけた古い
　　レポートが、新しい企画のヒントになった**

2. 週明け、そのアイデアをさりげなくチームミーティングで提案。皆の反応は意外と冷ややかだった
3. ランチ時、カフェテリアの列で偶然CEOと並び、その企画について話す機会を得る。彼の興味を惹くことに成功した
4. CEOのあと押しでプロジェクトが青信号に切り替わる。金曜日の夜の残業が思わぬ展開を見せた。その企画こそ今回推進するプロジェクトの出発点に

以上で、「サブステップ2　順番関係の確認」は終わりです。

サブステップ3
グループ名をつける

　ここまでステップを進めた結果、もとのプレスリリースは次のような箇条書きとグループに分かれています 図02-08 。

図02-08

【1つ目のグループ】
・インテリジェントヘルスケア株式会社とビジョンメディカルズ株式会社が新会社を設立した
・新会社の名前は、ヘルスAIテクノロジーズ株式会社（以下ヘルスAI）
・202X年度内をめどに共同事業を開始予定
・ヘルスAIは、インテリジェントヘルスケアの「AIによる健康革命を」ビジョンとビジョンメディカルズの「最先端医療で人々を支える」理念を融合し、未来の医療社会の実現を目指す

【2つ目のグループ】
・ヘルスAIの社名には「革新的な医療技術とAIを組み合わせて、すべての人に高度な健康管理を提供したい」という両社の願いが込められている

【3つ目のグループ】
1. ヘルスAIは、ビジョンメディカルズの医療ノウハウとインテリジェントヘルスケアのAI技術を組み合わせて
    ・病気の予防をする

- 早期発見を促進する
- パーソナライズされたヘルスケアソリューションを提供する

2. まず、ヘルス AI は、地方自治体向けにカスタマイズ可能な健康管理プログラムを展開する
   - このプログラムは、自治体の保健データと AI 分析を統合して、住民一人ひとりに最適な健康推進策を提案し、医療費の削減と市民の生活品質の向上を目指す

3. 202X 年代半ばまでには、これらのサービスを全国の自治体や企業に広げ、AI がリアルタイムで個々の健康状態を分析し、必要な医療サポートを提供する「インテリジェント・ヘルスケアプラットフォーム」を展開する
   - たとえば、糖尿病患者向けに、彼らの生活習慣や血糖値データを分析し、個別に最適化された食事提案や運動プログラムを AI が自動で提供することで、病状の管理と健康の維持を支援する

【4つ目のグループ】

1. 202X 年代半ばまでに展開予定の「AI-EHR システム」は、慢性疾患患者の日常生活をサポートし、地域社会における予防医療を革新する
   - このシステムは、電子健康記録を AI 技術で強化し、各患者の特定のニーズに対応した治療計画の自動調整を可能にする

2. 将来的にはこのテクノロジーを国際市場にも拡大し、世界中の医療システムの改善に貢献する

今はグループ名を順番に 1 〜 4 にしていますが、この番号を各グループの内容に合わせた名前に変更します。

　この名前は、のちのステップで整理しやすいように便宜上つけるもので、各グループの要約ではありません。各グループで何を言っているのかが大まかにわかる程度の名前になっていれば OK です。

　私は 4 つのグループについて次のように名前をつけてみました。【1 つ目のグループ】には【ヘルス AI の設立】、【2 つ目のグループ】には【ビジョンとその由来】、【3 つ目のグループ】には【ヘルス AI の事業内容】、【4 つ目のグループ】には【ヘルス AI の今後の展開】。

　このステップで大事なのは、名前は簡単なものでよいということです。最初に述べたように、グループの名前はのちのステップで整理するために便宜上つけるだけなので、名前をつけることに時間をかけすぎたり、悩みすぎたりしてはいけません。

　人によっては、【3 つ目のグループ】を【ヘルス AI の事業内容】としたことについて次のように考えるかもしれません。

「確かに事業内容だが、文中では『202X 年までに全国地方自治体や企業に展開する』とある。ならばタイトルは『日本国内の展開見通し』のほうが適切では?」

　もし、そちらのほうがよければ、そうしていただいてもかまいません。名前をつけるにあたっては「こうしなければダメ」というルールはありません。あくまで、自分にとってわかりやすい名前になっていれば OK です。

　これで「サブステップ 3　グループ名をつける」は終わりです。こ

れまでのステップの完成形を以下に示します 図 02-09 。

図 02-09

【ヘルス AI の設立】

・インテリジェントヘルスケア株式会社とビジョンメディカルズ株式会社が新会社を設立した

・新会社の名前は、ヘルス AI テクノロジーズ株式会社（以下ヘルス AI）

・202X 年度内をめどに共同事業を開始予定

・ヘルス AI は、インテリジェントヘルスケアの「AI による健康革命を」ビジョンとビジョンメディカルズの「最先端医療で人々を支える」理念を融合し、未来の医療社会の実現を目指す

【ビジョンとその由来】

・ヘルス AI の社名には「革新的な医療技術と AI を組み合わせて、すべての人に高度な健康管理を提供したい」という両社の願いが込められている

【ヘルス AI の事業内容】

1. ヘルス AI は、ビジョンメディカルズの医療ノウハウとインテリジェントヘルスケアの AI 技術を組み合わせて

    ・病気の予防をする

    ・早期発見を促進する

    ・パーソナライズされたヘルスケアソリューションを提供する

2. まず、ヘルス AI は、地方自治体向けにカスタマイズ可能な健康管理プログラムを展開する

    ・このプログラムは、自治体の保健データと AI 分析を統

合して、住民一人ひとりに最適な健康推進策を提案し、医療費の削減と市民の生活品質の向上を目指す

3. 202X 年代半ばまでには、これらのサービスを全国の自治体や企業に広げ、AI がリアルタイムで個々の健康状態を分析し、必要な医療サポートを提供する「インテリジェント・ヘルスケアプラットフォーム」を展開する

　・たとえば、糖尿病患者向けに、彼らの生活習慣や血糖値データを分析し、個別に最適化された食事提案や運動プログラムを AI が自動で提供することで、病状の管理と健康の維持を支援する

【ヘルス AI の今後の展開】

1. 202X 年代半ばまでに展開予定の「AI-EHR システム」は、慢性疾患患者の日常生活をサポートし、地域社会における予防医療を革新する

　・このシステムは、電子健康記録を AI 技術で強化し、各患者の特定のニーズに対応した治療計画の自動調整を可能にする

2. 将来的にはこのテクノロジーを国際市場にも拡大し、世界中の医療システムの改善に貢献する

　もとの文章からずいぶんと形が変わりましたが、読みやすくなりましたよね。各グループにタイトルがついたおかげで、そのグループでは何を言っているのかが一目瞭然となり、各グループ内で話の順番関係に番号が振られ、そして箇条書き間の上位／下位概念の関係はインデント（字下げ）で表現されています。

これで「ステップ② 箇条書きをグループに分ける」は終わりです。ここまで作業していただいていかがでしたでしょうか？

人によっては「たかが要約を作るのにステップが多すぎるじゃないか！」などと怒っている方がいらっしゃるかもしれませんね。私は、この箇条書きのメソッドをオンライン学習プラットフォームのUdemyでも配信しており、実際そうしたお叱りをレビューでいただくこともあります。ただ、ここまでステップを細かくしているのは、とにかく手を止めたくない、進んでいる実感を得たいためです。

ステップ数が少ないということは、それだけステップ間の細かな説明を省略しているということです。人によっては、省略されている部分を経験や想像力で補えるでしょう。

Udemyのレビューにも「こんな当たり前のことをわざわざ書いて量を水増ししている」というお叱りがあります。手順を省略して説明してもできる人はいます。しかし、私自身はそれができませんでした。

だから、こうしてまどろっこしいくらい細かくステップを分けています。また、私自身の仕事の経験上、デキる上司の下についたときに、「こんなこと言わなくてもわかるでしょ」と言われることは、とても切なかったです。わからないし、質問しても同じことを言われましたので。

このほか仕事で切ないと言えば、自分がやっていることがどれくらい進んでいるのかがわからないときです。1人で残業しているときに、真っ白なスクリーンを前に手が止まる。自分の進捗状況がわからない。私自身は、これが仕事をしていて最も嫌な状態です。

そのため、細かいステップを刻むことで、少しでも進捗しているこ

とを実感したい。こうした思いがあり、本書は細かくステップ割りをしています。

　次のステップでは「論理ピラミッド」を作ります。ロジカルシンキングの入り口です。引き続き一緒に学習を進めていきましょう！

第3章

ステップ③

論理ピラミッドを作る

> **Check!**

「ステップ③ 論理ピラミッドを作る」の全体像

　この章では、これまでまとめた箇条書きを使って、論理ピラミッド（ピラミッドストラクチャー）を作っていきます。このステップにも２つのサブステップがあります　図 03-01 。ステップの説明の前段階としていくつか寄り道をします。「論理ピラミッドとは何か」「重要度を判断するための２つの視点」を説明してから、ピラミッドの作り方に取りかかります。

　図 03-01

ステップ ③

論理ピラミッドを作る

サブステップ 1

レベル合わせ

⬇

サブステップ 2

（グループ内で）ピラミッド作り

●・・論理ピラミッドとは何か？

　さらりと「論理ピラミッドを作ります」と言いましたが、そもそも論理ピラミッドとは何でしょうか？

　サブステップの説明に入る前に、まずはここから説明しないといけませんよね。何せステップのタイトルにもなっているわけですから。

　論理ピラミッドとはこれまでのステップで用意した箇条書きを重要度の順に上から積み重ねたものをいいます。つまり、**一番大事なメインメッセージが頂点にくるようなピラミッドを箇条書きで組み立てる**わけです。積み木を作るイメージです。

　こうすることで、ピラミッドを一番上から見ていけば、その要約した人が考える「最も重要な情報」を効率良く追うことができます。

　読む人は、学生時代の国語の問題のように、難解な長文をじっくり読みながらメインメッセージを探す面倒な作業をしなくていいわけです。

　一方で読ませる側（私や皆さん）は、難解な長文を箇条書きに分け、再構成して、メインメッセージがわかるように論理ピラミッドを組む必要があります。これが価値になります。

●・・情報の重要度を2つの視点から考える

　論理ピラミッドは、重要度の高い順に組むことがわかったところで、次の疑問が出てきます。どうやって重要度を決めればよいのか？

　これは次の2つの視点で考えます。**1つ目は、個別案件の中での重要度、2つ目は、取り巻く環境の中での重要度**です。

　1つずつ説明します。まず個別案件の中での重要度。これは皆さん

のほとんどの方がわかっているポイントです。要約すべき内容において、書かれていること、話されていることの中で重要なものを上位に挙げます。

次のポイントと対比させるためにあえて当たり前のことを言うと、「目の前にある要約素材の中だけで判断して、これは大事かそうではないか」を判断する。これが個別案件の中での重要度です。こちらはあまりに明白なように感じるかもしれません。

もう1つの視点は、その要約する内容を取り巻く環境の中で考えるという視点です。1つ目のポイントと対比させると、目の前にある要約素材の中には入っていないもので判断します。別の言い方をすれば、「書かれていないこと」の中での重要度を検討します。

こちらができている人は少ないため、各人の情報量によって差が出ます。もし、皆さんがほかの人より抜きん出たいと思ったら、これに注力しましょう。この**書かれていないことに対する視点が充実すると、さらに要約の価値が上がり、ひいては皆さん自身に対する評価が上がります**。実際に、私が仕事としてやった要約で周囲からの評価が高かったのがこちらでした。

学校の国語のテストであれば、書かれていることを前提に質問と正解が作られていました。たとえば、選択肢の問題を間違えるのは、書かれたことよりも、自分が感じたことや自分にとっての常識を優先してしまうからです。

学校教育では書かれていることの中から選んで解答することが正解で、自分の判断を入れると不正解とされてしまいますが、社会人になると話は変わってきます。

この重要度については、このあとで見ていくピラミッド作りの中で具体例を紹介するので、そのときに改めて解説します。

●・・箇条書きの論理ピラミッドはインデントで表現する

　ステップ紹介前の寄り道の最後です。箇条書きでピラミッドを表現するときは、インデントを使います。61ページでも説明しましたが、インデントとは、箇条書きの重要度に沿って字下げすることです。次の例をご覧ください。

- **一番重要なメッセージ**
  - **メッセージを支える根拠1**
    - **根拠1の具体例**
  - **メッセージを支える根拠2**
    - **根拠2の具体例**

　このように重要な箇条書きが一番左側に。それから重要度が下がるにつれて字下げ（右側に移動）します。こうすることで、箇条書き全体の階層構造が明確になるとともに、各箇条書きの重要度がわかるようになります。

　たとえば、「メッセージを支える根拠」について詳細を知りたければ、各根拠の下にある「根拠の具体例」を見ればよいわけです。箇条書きにインデントを設定しただけではピラミッドというよりは階段のように見えるでしょう。これを別の形で論理ピラミッドとして図示すると次ページの 図03-02 のようになります。

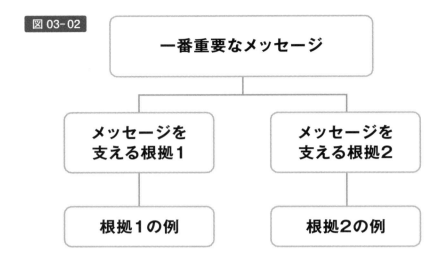

図 03-02

　このピラミッドをいちいち書く手間を省くために、本書では箇条書きにインデントを設定することで論理構造を表現しています。ロジカルシンキングの解説書には必ずこうしたピラミッド図が出てきますが、やっていることは同じです。

　以上で、ステップを説明するための前段階である「論理ピラミッドとは何か」「情報の重要度を２つの視点から考える」、そして「ピラミッドの作り方」の説明は終わりです。
「前フリが長すぎる！」と怒らないでください。最初に断っておくと、このステップ③が最も重要なので、準備を入念にさせていただきました。

　では次から各サブステップの説明を始めます。

サブステップ1
レベル感合わせ

さっそく「サブステップ1 レベル感合わせ」を解説しますが、その前に改めて前章までに整理した箇条書きを確認しましょう 図03-03 。

図03-03

【ヘルスAIの設立】
・インテリジェントヘルスケア株式会社とビジョンメディカルズ株式会社が新会社を設立した
・(以下省略)

【ビジョンとその由来】
・ヘルスAIは、インテリジェントヘルスケアの「AIによる健康革命を」ビジョンとビジョンメディカルズの「最先端医療で人々を支える」理念を融合し、未来の医療社会の実現を目指す
・(以下省略)

【ヘルスAIの事業内容】
1. ヘルスAIは、ビジョンメディカルズの医療ノウハウとインテリジェントヘルスケアのAI技術を組み合わせて
    ・(以下省略)

【ヘルスAIの今後の展開】
1. 202X年代半ばまでに展開予定の「AI-EHRシステム」は、慢性疾患患者の日常生活をサポートし、地域社会における

予防医療を革新する
　・（以下省略）

　このグループ分けした箇条書きに対して、「サブステップ１　レベル感合わせ」には、下の 図 03-04 の「サブ・サブステップ１　順番の入れ替え」と「サブ・サブステップ２　（グループ単位で）ピラミッド作り」の２つの作業をします。
　ここで注意していただきたいのは、この２つの作業は「あくまでグループ単位で行なう」ということです。

図 03-04

サブ・サブステップ1　順番の入れ替え

「サブ・サブステップ1　順番の入れ替え」は、グループの間における情報の重要度によって箇条書きの順番を入れ替えます。最も重要なものを最初にもってきます。今回の例では、私は一番目にくるものを【ヘルスAIの設立】グループとしました。なぜなら、そのほかのビジョン、事業内容、今後の展開は、設立があるからこそ発生することだからです。

　皆さんの中には、この考え方がおかしいと思われる方もいらっしゃるかもしれません。

　たとえば、「この会社がこれから何をやるのかが重要なので【ヘルスAIの事業内容】が一番重要だ」という方もいらっしゃるでしょうし、あるいは「会社は世の中に価値を提供する公器なので動機である【ビジョンとその由来】が最も重要だ」と感じる方もいらっしゃるでしょう。こうしたご意見もごもっともだと思います。

　第2章で「重要度を考えるときは、文脈、コンテクストが大事」と述べました。さらに、「それは皆さん自身しか決められない」とも述べました。つまり、要約の対象となる文章の中ではなく、それを取り巻く周囲の環境も含めて考えたときに、自分は何が重要と思うかで決まります。

　ですから、同じ文章であっても、私が選ぶ重要度と皆さんが選ぶ重要度は違っていても問題ないのです。

　このように言うと、「実際の仕事においてはどうすればよいのだろう……」とお悩みになる人も出てくるかもしれません。しかし、重要度を決めることは、仕事の現場でトライアル・アンド・エラーを繰り返し、周囲の反応を見てコツをつかんでいくしかありません。

ここではひとまず一番大事なグループを【ヘルス AI の設立】としました。ほかのグループについては重要度の差は特になさそうなので、このままでよいでしょう。どれもヘルス AI についての詳細情報という位置づけです。

●•• サブ・サブステップ2　（グループ単位で）ピラミッド作り

「サブ・サブステップ2　（グループ単位で）ピラミッド作り」について見ていきます。

　グループ単位でのピラミッド作りは、前のステップができていれば簡単です。前のステップでは【ヘルス AI の設立】グループが一番重要であり、ほかのグループの重要度は同じくらいとしました。

　箇条書きで重要度を表すときはどうするか覚えていますか？

　そうです。インデントを設定するのでしたね。

【ヘルス AI の設立】以外のグループにインデントを設定すると次のようになります 図 03- 05 。

図 03- 05

【ヘルス AI の設立】
・インテリジェントヘルスケア株式会社とビジョンメディカルズ株式会社が新会社を設立した
・新会社の名前は、ヘルス AI テクノロジーズ株式会社（以下ヘルス AI）
・202X 年度内をめどに共同事業を開始予定
　【ビジョンとその由来】
　　・ヘルス AI は、インテリジェントヘルスケアの「AI による健康革命を」ビジョンとビジョンメディカルズ

の「最先端医療で人々を支える」理念を融合し、未来の医療社会の実現を目指す

- ヘルス AI の社名には「革新的な医療技術と AI を組み合わせて、すべての人に高度な健康管理を提供したい」という両社の願いが込められている

【ヘルス AI の事業内容】

1. ヘルス AI は、ビジョンメディカルズの医療ノウハウとインテリジェントヘルスケアの AI 技術を組み合わせて
   - 病気の予防をする
   - 早期発見を促進する
   - パーソナライズされたヘルスケアソリューションを提供する

2. まず、ヘルス AI は、地方自治体向けにカスタマイズ可能な健康管理プログラムを展開する
   - このプログラムは、自治体の保健データと AI 分析を統合して、住民一人ひとりに最適な健康推進策を提案し、医療費の削減と市民の生活品質の向上を目指す

3. 202X 年代半ばまでには、これらのサービスを全国の自治体や企業に広げ、AI がリアルタイムで個々の健康状態を分析し、必要な医療サポートを提供する「インテリジェント・ヘルスケアプラットフォーム」を展開する
   - たとえば、糖尿病患者向けに、彼らの生活習慣や血糖値データを分析し、個別に最適化された食事提案や運動プログラムを AI が自動で提供することで、病状の管理と健康の維持を支援する

【ヘルス AI の今後の展開】

1. 202X 年代半ばまでに展開予定の「AI-EHR システム」は、

慢性疾患患者の日常生活をサポートし、地域社会における予防医療を革新する
　　・このシステムは、電子健康記録を AI 技術で強化し、各患者の特定のニーズに対応した治療計画の自動調整を可能にする
2. 将来的にはこのテクノロジーを国際市場にも拡大し、世界中の医療システムの改善に貢献する

●・・ インデント設定のTIPS

　さて、皆さんの多くは箇条書きを作成するときは Word の箇条書き機能を使っていると思います。

　ここで話は脱線しますが、今回のように箇条書きがたくさんある場合にインデントを設定するときの TIPS を１つ紹介します。

　［Tab］キーを押してインデントを入力するときは、一番下位の箇条書きからインデントを入れて字下げするとよいです。

　その理由は２つあります。

　１つ目は、上位にある箇条書きからインデントで字下げしていくと、一瞬、上位と下位の箇条書きが同じ段になります。箇条書きの数が少ないときはいいのですが、今回のようにそれなりの数があるときは「あれ？　この２つの重要度は同じだったっけ？」となってしまうおそれがあります。

　たとえば、次のような箇条書きがあったとします。考えた結果、「上位概念グループ①」のほうが「上位概念グループ②」よりも重要

だと思ったので、「上位概念グループ②」をインデントで字下げします 図03-06 。

図 03-06

- 上位概念グループ①
    - 下位概念①-1
    - 下位概念①-2

- 上位概念グループ②
    - 下位概念②-1
    - 下位概念②-2

「上位概念グループ②」にインデントを設定すると次のようになります 図03-07 。

図 03-07

- 上位概念グループ①
    - 下位概念①-1
    - 下位概念①-2

    - 上位概念グループ②
    - 下位概念②-1
    - 下位概念②-2

　すると「あれ？　上位概念①の下位概念の構成はどうなっていたのだっけ？」となりがちです。「そんなことはないだろう」と思われる方も多そうですが、私の場合は、実務でよく起こります。

そうならないためには、一番下の「下位概念② -1」「下位概念② -2」からインデントを設定します。

すると、次のようになります　図 03-08 。

図 03-08

- 　上位概念グループ①
  - 　下位概念① -1
  - 　下位概念① -2

- 　上位概念グループ②
  - 　下位概念② -1
  - 　下位概念② -2

これならば、「上位概念グループ②」と「下位概念② -1 ／下位概念② -2」の関係を維持したままなので、とまどうことはありません。その後、「上位概念グループ②」にインデントを設定すると、思った通りにグループ間の階層ができます　図 03-09 。

図 03-09

- 　上位概念グループ①
  - 　下位概念① -1
  - 　下位概念① -2

  - 　上位概念グループ②
    - 　下位概念② -1
    - 　下位概念② -2

2つ目は、マイクロソフトの製品をお使いの方向けの情報です。

上位概念からインデントを設定すると、数字の順番が狂うことがあります。たとえば、次のような箇条書きがあったとします 図 03-10 。

図 03-10

・　上位概念グループ①
　　1.　順番 1
　　　・　順番 1 の説明①
　　　・　順番 1 の説明②
　　2.　順番 2
　　　・　順番 2 の説明①
　　　・　順番 2 の説明②
　　3.　順番 3
　　　・　順番 3 の説明①
　　　・　順番 3 の説明②

「順番 1」から「順番 3」にインデントを設定して字下げしたいので、まずは「順番 1」にインデントを設定したとします。

すると次のようになります 図 03-11 。

図 03-11

・　上位概念グループ①
　　　・　順番 1
　　　・　順番 1 の説明①
　　　・　順番 1 の説明②
　　2.　順番 2

> - ・ 順番 2 の説明①
> - ・ 順番 2 の説明②
> 3. 順番 3
>   - ・ 順番 3 の説明①
>   - ・ 順番 3 の説明②

「順番1」の前に入れていた「1.」が「・」になってしまうことがあります。あるいは、次のように「順番2」の「2.」と「順番3」の「3.」が繰り上がり、それぞれ「1.」「2.」になってしまうこともあります 図 03-12 。

> 図 03-12
> - ・ 上位概念グループ①
>   - ・ 順番 1
>   - ・ 順番 1 の説明①
>   - ・ 順番 1 の説明②
>   1. 順番 2
>   - ・ 順番 2 の説明①
>   - ・ 順番 2 の説明②
>   2. 順番 3
>   - ・ 順番 3 の説明①
>   - ・ 順番 3 の説明②

　このようにいろいろと面倒な事態が発生するので、インデントを設定するときは一番下位の概念から設定することをおすすめします。

　以上で「サブステップ1　レベル感合わせ」は終わりです。

Check!

サブステップ 2
（グループ内で）ピラミッド作り

　ここから「サブステップ2　（グループ内で）ピラミッド作り」を解説します。

　先ほどの「サブステップ1　レベル感合わせ」の「サブ・サブステップ2　（グループ単位で）ピラミッド作り」から、さらに細部にフォーカスを当てて、グループ内でピラミッド作りをします。

　このピラミッド作りには、【「So What ?」と「Why So ?」】【展開、時系列の結果】【概念、重要性】の3つの方法があります。これらを順番に行なうとか、すべて使うわけではありません。この3つの方法は並列関係にあり、3つのうちどれかを使ってグループ内でピラミッドを作ります。

　このサブステップの全体像は次ページの 図03-13 のようになります。

図 03-13

「So What?」と「Why So?」

まず、【「So What ?」と「Why So ?」】から例を使って解説します。これはロジカルシンキングではお馴染みの手法で、**「So What ?」は「だから何？」、そして「Why So ?」は「なぜそうなるの？」**です。

このように問いかけながら、ピラミッドにおける情報の上下関係

を決めます。ピラミッドの上にくるのは、下の概念に対する「So What ？（だから何？）」の答えです。それに対してピラミッドの下にくるのは、上の概念に対する「Why So ？（なぜそうなるの？）」の答えです。

　たとえば、次のような箇条書きがあります。

・**企業が全体的なコスト削減プログラムを導入した**
・**経済的な不透明感が増しており、将来的なリスクを管理し、持続可能な成長を支えるためには、運営コストの効率化が必要**

　最初の箇条書き「ある企業がコスト削減をした」に対して「Why So ？（なぜそうなるの？）」と聞いたときの答えが「経済的な不透明感が増しているのでコストの効率化が大事である」という下の箇条書きです。

　次に、これを逆方向から考えてみましょう。下の箇条書き「経済的な不透明感が増したために、コスト効率化が必要」に対して、「So What ？（だから何？）」と聞いたときの答えが「企業全体でコスト削減プログラムを導入した」という上の箇条書きです。

　ピラミッドで上にくるのは、下の概念に対する「So What ？（だから何？）」の答えです。下の箇条書きにインデントを設定すると次のページの 図 03-14 のピラミッドになります。

> **図 03-14**
>
> ・　企業が全体的なコスト削減プログラムを導入した
>
> 　　・　経済的な不透明感が増しており、将来的なリスクを
> 　　　　管理し、持続可能な成長を支えるためには、運営コ
> 　　　　ストの効率化が必要

　今回のプレスリリースでは、【ビジョンとその由来】グループ内で「So What ？（だから何？）」「Why So ？（なぜそうなるの？）」の関係を整理します 図 03-15 。

> **図 03-15**
>
> 【ビジョンとその由来】
>
> ・ヘルス AI は、インテリジェントヘルスケアの「AI による健
> 　康革命を」ビジョンとビジョンメディカルズの「最先端医
> 　療で人々を支える」理念を融合し、未来の医療社会の実現
> 　を目指す
> ・ヘルス AI の社名には「革新的な医療技術と AI を組み合わせ
> 　て、すべての人に高度な健康管理を提供したい」という両
> 　社の願いが込められている

　このグループのメインテーマは、ヘルス AI のビジョンです。文中では、名前に込められた願いという表現がされています。そしてその由来は親会社であるインテリジェントヘルスケア社とビジョンメディカルズ社のそれぞれのビジョンから来ています。

　このとき、ヘルス AI のビジョンと親会社であるインテリジェントヘルスケア社とビジョンメディカルズ社のビジョンは「So What ？（だ

から何？）」と「Why So ？（なぜそうなるの？）」の関係にあります。

　なぜなら、インテリジェントヘルスケア社とビジョンメディカルズ社のビジョンに対して、「So What ？（だから何？）」の答えとして、ヘルス AI のビジョンが導かれるからです。
　AI により健康革命を起こしたい会社がある。そして、最先端医療で人々を支えたい会社がある。それらが組むとどうなるのか？　つまり、だから何なのか？　その答えがヘルス AI のビジョンになっています 図 03-16 。

図 03-16

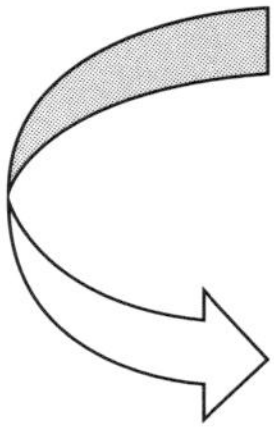

【ビジョンとその由来】

So What?
だから何？

・ヘルス AI は、インテリジェントヘルスケアの「AI による健康革命を」ビジョンとビジョンメディカルズの「最先端医療で人々を支える」理念を融合し、未来の医療社会の実現を目指す

・ヘルス AI の社名には「革新的な医療技術と AI を組み合わせて、すべての人に高度な健康管理を提供したい」という両社の願いが込められている

その一方で、共同事業会社であるヘルスAIのビジョンに対して、「Why So？（なぜそうなるの？）」と問いかけると、その答えは親会社であるインテリジェントヘルスケア社とビジョンメディカルズ社のビジョンにつながるわけです 図 03-17 。

図 03-17
【ビジョンとその由来】
・ヘルスAIは、インテリジェントヘルスケアの「AIによる健康革命を」ビジョンとビジョンメディカルズの「最先端医療で人々を支える」理念を融合し、未来の医療社会の実現を目指す

・ヘルスAIの社名には「革新的な医療技術とAIを組み合わせて、すべての人に高度な健康管理を提供したい」という両社の願いが込められている

Why So?
なぜそうなるか?

　【ビジョンとその由来】グループの中で、「So What？」「Why So？」の関係が確認できたところでピラミッドを組みます。「So What？」の答えになるものが上に、そして「Why So？」の答えになるものが下にくるのでした。
　ですから【ビジョンとその由来】グループでは次のページの 図 03-18 のようにピラミッドを組めます。

> 図 03-18
>
> 【ビジョンとその由来】
> ・ヘルス AI の社名には「革新的な医療技術と AI を組み合わせ
> 　て、すべての人に高度な健康管理を提供したい」という両
> 　社の願いが込められている
> 　　　　・ヘルス AI は、インテリジェントヘルスケアの「AI に
> 　　　　　よる健康革命を」ビジョンとビジョンメディカルズ
> 　　　　　の「最先端医療で人々を支える」理念を融合し、未
> 　　　　　来の医療社会の実現を目指す

　ここで注意していただきたいのは、グループ内の箇条書きの順番を
入れ替えていることです。「ヘルス AI の社名に込められた願い」を
上位概念にして上にもってきて見やすくしています。こうして下位概
念である親会社のビジョンをインデントで字下げして、上下関係を
はっきりさせました。

　以上で「サブステップ２」の１つ目の方法【「So What ？」と「Why
So ？」】の解説は終わりです。

●・・ 展開、時系列の結果

　ピラミッドの作り方の２つ目【展開、時系列の結果】を解説します。
この方法では、グループ内の箇条書きに流れがあるものに対して、そ
の結果、終点をピラミッドの上位に置きます。

　今回の例では、【ヘルス AI の事業内容】グループで使います。こ
のグループは、その名の通りヘルス AI の事業内容についての説明で
す。これまでのステップで、このグループ内の箇条書きには次のペー
ジの　図 03-19　のように番号が振られています。

> **図 03-19**
>
> 【ヘルス AI の事業内容】
>
> 1. ヘルス AI は、ビジョンメディカルズの医療ノウハウとインテリジェントヘルスケアの AI 技術を組み合わせて
>   - 病気の予防をする
>   - 早期発見を促進する
>   - パーソナライズされたヘルスケアソリューションを提供する
> 2. まず、ヘルス AI は、地方自治体向けにカスタマイズ可能な健康管理プログラムを展開する
>   - このプログラムは、自治体の保健データと AI 分析を統合して、住民一人ひとりに最適な健康推進策を提案し、医療費の削減と市民の生活品質の向上を目指す
> 3. 202X 年代半ばまでには、これらのサービスを全国の自治体や企業に広げ、AI がリアルタイムで個々の健康状態を分析し、必要な医療サポートを提供する「インテリジェント・ヘルスケアプラットフォーム」を展開する
>   - たとえば、糖尿病患者向けに、彼らの生活習慣や血糖値データを分析し、個別に最適化された食事提案や運動プログラムを AI が自動で提供することで、病状の管理と健康の維持を支援する

　これはヘルス AI の事業内容において、どのようにして最終的に「インテリジェント・ヘルスケアプラットフォーム」を展開するのかを説明しています。箇条書き 1 ～ 3 に含まれるそれぞれの箇条書きは、どれも大事なことのように見えます。しかし結局、これらの要素は、いずれも「インテリジェント・ヘルスケアプラットフォーム」にいたる

プロセスにすぎません。

　ですから【ヘルスAIの事業内容】グループにおいては、3番目の「202X年の半ばまでには……」で始まる箇条書きをピラミッドの頂点に置きます。今回のグループのように、箇条書きが順番関係になっているものは、結果が最後にあるので、ピラミッドをスムーズに作れます。

　では、インデントを使ってピラミッドを作ります。次のようになりました。もともとは「3.」とついていたものは、上位に移動したため「・」に変えています 図 03-20 。

図 03-20

【ヘルスAIの事業内容】

・202X年代半ばまでには、これらのサービスを全国の自治体や企業に広げ、AIがリアルタイムで個々の健康状態を分析し、必要な医療サポートを提供する「インテリジェント・ヘルスケアプラットフォーム」を展開する

　　・たとえば、糖尿病患者向けに、彼らの生活習慣や血糖値データを分析し、個別に最適化された食事提案や運動プログラムをAIが自動で提供することで、病状の管理と健康の維持を支援する

1. ヘルスAIは、ビジョンメディカルズの医療ノウハウとインテリジェントヘルスケアのAI技術を組み合わせて

　・病気の予防をする

　・早期発見を促進する

　・パーソナライズされたヘルスケアソリューションを提供する

2. まず、ヘルスAIは、地方自治体向けにカスタマイズ可能な

健康管理プログラムを展開する
・このプログラムは、自治体の保健データと AI 分析を統
合して、住民一人ひとりに最適な健康推進策を提案し、
医療費の削減と市民の生活品質の向上を目指す

　ここまでで、2 つのピラミッドの作り方を見てきました。皆さんの
中には、きっとこう思っている方がいらっしゃるのではないかと思い
ます。

**「順番関係にあるものが、今回紹介した展開、時系列の結果によっ
てピラミッドが作れるならば、【ヘルス AI の今後の展開】グループ
でも、この方法で作れるのではないか?」**

　その通りです。しかし、【ヘルス AI の今後の展開】グループでは、【展
開、時系列の結果】よりもふさわしい方法があります。こちらのほう
が、皆さんの評価が上がったり、ほかの人に差をつけたりすることが
できます。次の節で、この 3 つ目の方法を解説します。

●・・ 概念、重要性

　では、ピラミッド作りの 3 つ目の方法【概念、重要性】を見ていき
ましょう。実は、この方法こそピラミッド作りの基本ともいえるもの
で、これまで説明した 2 つの方法【「So What ?」と「Why So ?」】
と【展開、時系列の結果】が当てはまらない場合は、すべてこの方法
でピラミッドを作ります。
　今回のプレスリリースでは、次の【ヘルス AI の今後の展開】グルー
プで使います　図 03-21 。

> **図 03-21**
>
> 【ヘルス AI の今後の展開】
> 1.202X 年代半ばまでに展開予定の「AI-EHR システム」は、
> 　慢性疾患患者の日常生活をサポートし、地域社会における
> 　予防医療を革新する
> 　　・このシステムは、電子健康記録を AI 技術で強化し、各
> 　　　患者の特定のニーズに対応した治療計画の自動調整を
> 　　　可能にする
> 2. 将来的にはこのテクノロジーを国際市場にも拡大し、世界
> 　中の医療システムの改善に貢献する

　このグループでは、ヘルス AI の今後の展開について書かれています。これまでのステップによって順番が振られています。

　一見すると先ほど使った【展開、時系列の結果】でピラミッドが組めそうです。仮に当てはめてみます。順番の最後にくる「将来的には、国際展開する」という内容がこのグループにおいては重要だということになります。

　しかし、これだと違和感があります。というか、あまりに当たり前ではないでしょうか？　今どき新規事業で海外展開を狙うのは当たり前です。逆に日本国内にこだわり、「絶対に海外に進出しません！」と宣言するならば「なぜ!?」となり、重要度が高くなりそうです。

ここで、この章の冒頭でお話しした、重要度を考える上での２つの視点を思い出してください。１つ目は、個別案件の中での重要度でした。要は書いてあることの中から重要度を探るのでした。そして２つ目は、取り巻く環境の中での重要度でしたね。こちらは、書いていないことの中から重要度を探るのでした。この２つの側面から【ヘルスAIの今後の展開】グループを見てみましょう。

　まずは個別案件の中での重要度、書いてあることの中から探ります。すると、最初の箇条書きには、「AI-HERシステムを使って予防医療を革新する」と書いてあります。革新するわけですから、これは重要そうです。

　次に取り巻く環境からの重要度、書いていないことの中から重要度を探ってみましょう。実務の中で、要約というタスクをまかされたときに、資料に書かれていないことを要約に入れられる人は少ないです。これができると皆さんの要約の価値をかなり高めることができます。これまで私が外資系企業で出会った「仕事がデキる人」たちは、皆これができていました。

　文中にはありませんが、このプレスリリースが発表された時点においては、日本では高齢化社会を背景にした、増え続ける医療費が社会問題となっています。医療費抑制のためにジェネリック医薬品が活用されています。そうした中で、そもそも病気にならないようにする、病気になっても重症化させない、予防医療が注目を集めています。

　さらに高齢化に関しては、日本は「先進国」であるといわれています。先進国であるがゆえに、他国に先んじて高齢化社会に対応するた

めのサービスが生まれ、これが新たなビジネスチャンスになり得ると考えられています。

　ほかの先進諸国も徐々に高齢化社会へと突入しつつあります。日本が先んじて高齢化社会をビジネスチャンスに変えていければ、こうした国々への進出も可能になります。今回のプレスリリースには明示的にこうした内容は書かれていません。

　しかし、現在の増え続ける医療費、そしてその背景にある高齢化社会という、書かれていないことを踏まえてみます。すると、日本でAIを使った予防医療を発展させ、将来的には国際市場への展開も考えているというのは、その背景にはこうした社会問題があると考えても大きく外していないでしょう。

　すると、202X年までに「AI-EHRシステム」で予防医療を改革する点。高齢化社会を背景にした増え続ける医療費という社会課題がその背景にあるという点。この2点がピラミッドの上位にきます。

　なお、書かれていないことに対して、取り巻く環境から考察しているため答え合わせはできません。真面目な人は書かれていないことを書くと不安になります。だからこそ、差別化のチャンスです。多くの人は要約をしても書かれていることをまとめるだけです。そうした大多数の中で、書かれていないことをあえて書くわけですから、評価されるのは当然です。

　以上のことを踏まえて、次のページの 図03-22 のように【ヘルスAIの今後の展開】グループ内でピラミッドを作りました。

> **図 03-22**
>
> 【ヘルス AI の今後の展開】
> ・202X 年半ばには、社会課題である高齢化社会を背景にした
> 　増え続ける医療費への抑止が期待できる「AI-EHR システム」
> 　で予防医療を改革する
> 1.202X 年代半ばまでに展開予定の「AI-EHR システム」は、
> 　慢性疾患患者の日常生活をサポートし、地域社会における
> 　予防医療を革新する
> 　　・このシステムは、電子健康記録を AI 技術で強化し、各
> 　　　患者の特定のニーズに対応した治療計画の自動調整を
> 　　　可能にする
> 2. 将来的にはこのテクノロジーを国際市場にも拡大し、世界
> 　中の医療システムの改善に貢献する

　上位の箇条書きは、書かれていないことに関する考察を踏まえて、オリジナルで作りました。そのもとになった「1.」と「2.」の箇条書きはそのまま残しておきます。いくら上位でまとめたからといっても、上位の箇条書きを支えるこれら下位の箇条書きがなければ、何の話かわからなくなってしまうからです。

　以上で、「サブステップ2　（グループ内で）ピラミッド作り」の最後の方法【概念、重要性】の解説は終わり、ようやく「ステップ③論理ピラミッドを作る」全体は終了です。

　ここまでのステップでできた箇条書きは次のページの　図 03-23　のようになります。

　グループ名はもう不要なので外します（ここでは、説明の便宜上【ヘルス AI の設立】だけは残しておきます）。その代わりグループの区

切りがわかりやすいように、グループの最初の箇条書きを太字にしました。

　なお、グループ間の重要度で最も上位に来た【ヘルス AI の設立】グループの中では情報の重要度に上下関係がないので、ピラミッドを作らず、すべて太字にしています。

図 03- 23

【ヘルス AI の設立】
・**インテリジェントヘルスケア株式会社とビジョンメディカルズ株式会社が新会社を設立した**
・**新会社の名前は、ヘルス AI テクノロジーズ株式会社（以下ヘルス AI）**
・**202X 年度内をめどに共同事業を開始予定**
　・**ヘルス AI の社名には「革新的な医療技術と AI を組み合わせて、すべての人に高度な健康管理を提供したい」という両社の願いが込められている**
　　・ヘルス AI は、インテリジェントヘルスケアの「AI による健康革命を」ビジョンとビジョンメディカルズの「最先端医療で人々を支える」理念を融合し、未来の医療社会の実現を目指す
　・**202X 年代半ばまでには、これらのサービスを全国の自治体や企業に広げ、AI がリアルタイムで個々の健康状態を分析し、必要な医療サポートを提供する「インテリジェント・ヘルスケアプラットフォーム」を展開する**
　　・たとえば、糖尿病患者向けに、彼らの生活習慣や血糖値データを分析し、個別に最適化された食事

105

提案や運動プログラムを AI が自動で提供すること
で、病状の管理と健康の維持を支援する

1. ヘルス AI は、ビジョンメディカルズの医療ノウハ
   ウとインテリジェントヘルスケアの AI 技術を組み
   合わせて
   ・病気の予防をする
   ・早期発見を促進する
   ・パーソナライズされたヘルスケアソリューショ
     ンを提供する

2. まず、ヘルス AI は、地方自治体向けにカスタマイ
   ズ可能な健康管理プログラムを展開する
   ・このプログラムは、自治体の保健データと AI
     分析を統合して、住民一人ひとりに最適な健
     康推進策を提案し、医療費の削減と市民の生
     活品質の向上を目指す

・**202X 年半ばには、社会課題である高齢化社会を背**
  景にした増え続ける医療費への抑止が期待できる「AI-
  EHR システム」で予防医療を改革する

1. 202X 年代半ばまでに展開予定の「AI-EHR システ
   ム」は、慢性疾患患者の日常生活をサポートし、
   地域社会における予防医療を革新する
   ・このシステムは、電子健康記録を AI 技術で強
     化し、各患者の特定のニーズに対応した治療
     計画の自動調整を可能にする

2. 将来的にはこのテクノロジーを国際市場にも拡大
   し、世界中の医療システムの改善に貢献する

第4章

ステップ④

MECEと
メインメッセージを
確認する

「ステップ④ MECEとメインメッセージを確認する」の全体像

　この章で解説する「ステップ④　MECEとメインメッセージを確認する」には 図04-01 のように「サブステップ１　MECEの確認」と「サブステップ２　メインメッセージの確認」の２つのサブステップがあります。

　あらかじめお伝えしておくと、ステップ④でやることの多くは、これまでに作成した箇条書きの確認作業です。

図04-01

「MECE（ミーシー：Mutually Exclusive and Collectively Exhaustive）とは「モレなくダブりなく」の意味です。もう１つのメインメッセージはその名の通り、最も伝えたい中心となるメッセージです。どちらもロジカルシンキングの基本です。この本におけるメインメッセージとは、皆さんが作成する要約において最も重要で必ず伝えたいメッセージです。

サブステップ1
MECEの確認

　MECEの確認をする前に、実務でありがちな失敗について少しふれておきます。「モレなくダブりなく」のモレはたいていの人が問題なくできますが、ダブりはよく起こります。これは見落としているから起こるのではなく、サービス精神や失敗したくないというメンタリティが原因となっています。

　要約を作成するとき、人は次の2つの気持ちを抱きます。1つは、「情報のモレがないだろうか」という不安。もう1つは、あえて省略した情報について、相手に知ってもらいたいという下心。モレがあるとまずいので、思い切って情報をカットできません。カットを最低限にとどめて、情報を多めに盛り込んでおけば、とりあえずモレの心配はなくなります。おまけに自分がいかに一生懸命、情報を収集したかもアピールできます。

　ところで、本書をお読みの皆さんの多くが次のような経験をしたことがあるのではないでしょうか？

　上司に報告書を提出したら、作成時に「ここはカットしてもよいかな？」と思って入れなかった内容について、上司から「何で〇〇について入っていないの？」と指摘された。あるいは、「君は知らないようだけれど、実はこういうことがあって……」と、まさに自分が「必要ない」と判断してカットしたことについて延々と説明された。私は両方の経験があります。悔しいですよね。

こうした過去の経験がトラウマになり、情報を多めに盛りたくなる人が多いのかもしれません。しかし、そこをぐっと抑えてダブりをカットしてください。

私が実務の現場でよく見かける要約でまったく的外れなものはあまりありません。それよりも**圧倒的に多いのが、情報過多のために何が本当に大事なことなのかがわからなくなってしまっている要約**です。もしくは内容はしっかりしているのに、文章の量が多すぎて相手の読む気をそいでしまう要約もたくさんあります。いくら内容が良くても、読まれなければ意味はありません。残念ながらダメな要約と同じです。

では、どのように盛り込みたい衝動を抑え、不要だと感じた情報を思い切ってカットすればよいのでしょうか？

それには、まず**受け手の立場を考える**ことです。「情報のモレをなくしたい」「収集した情報はなるべくたくさん盛り込みたい」——これはすべて自分の都合です。

「自分がよく見られたい」のは誰もが同じです。しかし、読み手のことを想像してみてください。下心満々の部下から情報てんこ盛りの要約が送られてきたら相手はどう感じるでしょう？　正直、いい気持ちはしませんよね。また、相手の負荷を考えると、思いやりに欠けると言ってもいいでしょう。

それに対して、MECEにのっとってすっきりと整理された要約であれば、相手はうれしいでしょう。また、こうした要約を受け取ることが少ないため、提出した人を高く評価するでしょう。

●・・箇条書きのグループ、箇条書きのMECEをチェックする

では、素材のプレスリリースを使って、改めて「サブステップ1

MECE の確認」をしてみましょう。現在、箇条書きは次のようになっています 図 04-02 。

図 04-02

【ヘルス AI の設立】
・インテリジェントヘルスケア株式会社とビジョンメディカルズ株式会社が新会社を設立した
・新会社の名前は、ヘルス AI テクノロジーズ株式会社（以下ヘルス AI）
・202X 年度内をめどに共同事業を開始予定
　・ヘルス AI の社名には「革新的な医療技術と AI を組み合わせて、すべての人に高度な健康管理を提供したい」という両社の願いが込められている
　　・ヘルス AI は、インテリジェントヘルスケアの「AI による健康革命を」ビジョンとビジョンメディカルズの「最先端医療で人々を支える」理念を融合し、未来の医療社会の実現を目指す
・202X 年代半ばまでには、これらのサービスを全国の自治体や企業に広げ、AI がリアルタイムで個々の健康状態を分析し、必要な医療サポートを提供する「インテリジェント・ヘルスケアプラットフォーム」を展開する
　　・たとえば、糖尿病患者向けに、彼らの生活習慣や血糖値データを分析し、個別に最適化された食事提案や運動プログラムを AI が自動で提供することで、病状の管理と健康の維持を支援する
　　1. ヘルス AI は、ビジョンメディカルズの医療ノウハ

ウとインテリジェントヘルスケアの AI 技術を組み合わせて

- ・病気の予防をする
- ・早期発見を促進する
- ・パーソナライズされたヘルスケアソリューションを提供する

2. まず、ヘルス AI は、地方自治体向けにカスタマイズ可能な健康管理プログラムを展開する

- ・このプログラムは、自治体の保健データと AI 分析を統合して、住民一人ひとりに最適な健康推進策を提案し、医療費の削減と市民の生活品質の向上を目指す

・**202X 年半ばには、社会課題である高齢化社会を背景にした増え続ける医療費への抑止が期待できる「AI-EHR システム」で予防医療を改革する**

1. 202X 年代半ばまでに展開予定の「AI-EHR システム」は、慢性疾患患者の日常生活をサポートし、地域社会における予防医療を革新する

- ・このシステムは、電子健康記録を AI 技術で強化し、各患者の特定のニーズに対応した治療計画の自動調整を可能にする

2. 将来的にはこのテクノロジーを国際市場にも拡大し、世界中の医療システムの改善に貢献する

　まず、「モレなくダブりなく」の「モレなく」から見ていきます。

　これまでのステップの流れの中で、すでにできているプレスリリースの本文を箇条書き化して、その上で整理しましたよね。つまり、も

との文章から不要なものを削っただけなので、基本的にはモレについて心配する必要はありません。

次に「ダブりなく」を見ていきます。もしダブりを発見したら、その箇条書きを削除します。第1章「ステップ①　箇条書きを羅列する」にも、実は「不要な情報をカットする」というサブステップがありました 図04-03 。覚えていましたでしょうか。

ステップ①との違いは、ステップ④では情報単位ではなく、グループ単位でカットするということです。箇条書き単位ではわからなくて

も、改めてグループ単位で見たときに、ほかのグループとの兼ね合いや、内容がまったくダブっているという理由で、要約に入れる必要がないグループが見えてくることがあります。

ステップ①は個々の箇条書きにフォーカスした、いわば虫の目。ステップ④は要約の全体像を見る、いわば鳥の目でダブりの有無を確認します。この段階ともなれば、複数のステップを経ているので、素材の文章を何度も見直しています。すると、最初の頃は見えていなかったことが、この段階にいたって見えてくることがあります。

大事なので繰り返します。**要約は受け取る側からすると、短ければ短いほど価値があります。**一方で、送る側はサービスのつもりでついつい情報を足してしまいがちです。

では、この段階で、どういった判断基準でダブりかどうかを判断するのでしょうか？

それは要約の受け手、報告される側の視点で考えます。報告される側は、皆さんが作成する要約のどの部分に興味がありそうか？　そして、皆さんと受け手を取り巻く環境から考えて重要そうな情報は何でしょうか？　これらとは逆に、重要ではない情報は何でしょうか？こうしたことは、実際に要約を作成する皆さんでないとわからないことです。

もとの文章をいくら読み込んでも、要約の読み手にとって何が重要で、何が重要でないかは書かれていません。自分で判断しなければなりません。ですから、もし「ダブっている」ものを見つけたり、もしくは「これは必要ない」と判断したら、思い切ってカットします。

ちなみに、今回のプレスリリースで見ると、各グループは独立した内容なので、ダブりはなさそうです。

サブステップ 2
メインメッセージの確認

　次に「サブステップ2　メインメッセージの確認」を見ていきます。繰り返しになりますが、メインメッセージとは、相手に「これだけは覚えておいてほしい」最も重要なメッセージのことです。

　このサブステップで、今作成している要約の中でどれがメインメッセージなのかを確認します。すでに書き出した箇条書きの中にあればそれを選びます。もしなければ新たに作る必要があります。

●・・箇条書きとグループをチェックする

　通常であれば、これまで作った箇条書きで、ピラミッドの頂点にあるものがメインメッセージになります。第3章「ステップ③　論理ピラミッドを作る」でグループ内で情報の重要度をもとにピラミッドを作りました 図04-04 。このステップを経ているので、現時点でピラミッドの一番上にあるのが最も重要な情報であるはずです。ここでは、本当にそれでいいのか見直すだけです。

では、改めてプレスリリースを見てみましょう。ピラミッドの頂点には、【ヘルス AI の設立】グループがきています 図 04-05 。

図 04-05

【ヘルス AI の設立】
・インテリジェントヘルスケア株式会社とビジョンメディカルズ株式会社が新会社を設立した
・新会社の名前は、ヘルス AI テクノロジーズ株式会社（以下ヘルス AI）
・202X 年度内をめどに共同事業を開始予定

まさに今回のプレスリリースのメインメッセージは、「新会社が誕生した」ということですよね。現在、メインメッセージが3つの箇条書きに分かれていますが、統合してひとことでまとめます。説明の便宜上ここまで残しておいたグループ名も不要なので消します 図 04-06 。これで「メインメッセージの確認」もできました。

図 04-06

・インテリジェントヘルスケア株式会社とビジョンメディカルズ株式会社が新会社、ヘルス AI テクノロジーズ株式会社（以下ヘルス AI）を設立し、202X 年度内をめどに共同事業を開始予定

　以上で、「ステップ④　MECE とメインメッセージを確認する」は終わりです。ここまでで、要約を箇条書きの形で作り、そしてロジカルシンキングの手法を使ってチェックをしました。次のステップでは、いよいよ箇条書きを文章化して要約として完成させます。
　あともう一息です！　がんばりましょう！

第5章

ステップ⑤

要約して文章化する

「ステップ⑤ 要約して文章化する」の全体像

　この章では、いよいよこれまで作った箇条書きを文章の形にします。このステップには「サブステップ1　メインメッセージとサブメッセージを合体させる」「サブステップ2　文章チェック」という2つのサブステップがあります 図 05-01 。

図 05-01

ステップ ⑤
要約して文章化する

サブステップ 1
メインメッセージとサブメッセージを合体させる

⇓

サブステップ 2
文章チェック

サブステップ1
メインメッセージと
サブメッセージを合体させる

　サブステップ1では、これまでに作成した箇条書きを文章の形式に変えていきます。もとの箇条書きもあとから使うので、サブステップ1の作業に取りかかる前に、これまでの箇条書きのファイルはコピーして残しておいてください。

　今、箇条書きは 図 05-02 のようになっています。メインメッセージ「ヘルスAIの設立」は、インデントが一段高い位置にあります。メインメッセージを支える各箇条書きはサブメッセージです。各サブメッセージには、さらにインデントで一段下げられた補足内容があります。

図 05-02

- インテリジェントヘルスケア株式会社とビジョンメディカルズ株式会社が新会社、ヘルスAIテクノロジーズ株式会社（以下ヘルスAI）を設立し、202X年度内をめどに共同事業を開始予定
    - ヘルスAIの社名には「革新的な医療技術とAIを組み合わせて、すべての人に高度な健康管理を提供したい」という両社の願いが込められている
        - ヘルスAIは、インテリジェントヘルスケアの「AIによる健康革命を」ビジョンとビジョンメディカルズの「最先端医療で人々を支える」理念を融合し、

未来の医療社会の実現を目指す

- 202X 年代半ばまでには、これらのサービスを全国の自治体や企業に広げ、AI がリアルタイムで個々の健康状態を分析し、必要な医療サポートを提供する「インテリジェント・ヘルスケアプラットフォーム」を展開する
    - たとえば、糖尿病患者向けに、彼らの生活習慣や血糖値データを分析し、個別に最適化された食事提案や運動プログラムを AI が自動で提供することで、病状の管理と健康の維持を支援する
    1. ヘルス AI は、ビジョンメディカルズの医療ノウハウとインテリジェントヘルスケアの AI 技術を組み合わせて
        - 病気の予防をする
        - 早期発見を促進する
        - パーソナライズされたヘルスケアソリューションを提供する
    2. まず、ヘルス AI は、地方自治体向けにカスタマイズ可能な健康管理プログラムを展開する
        - このプログラムは、自治体の保健データと AI 分析を統合して、住民一人ひとりに最適な健康推進策を提案し、医療費の削減と市民の生活品質の向上を目指す
- 202X 年半ばには、社会課題である高齢化社会を背景にした増え続ける医療費への抑止が期待できる「AI-EHR システム」で予防医療を改革する
    1. 202X 年代半ばまでに展開予定の「AI-EHR システ

ム」は、慢性疾患患者の日常生活をサポートし、
地域社会における予防医療を革新する

    ・このシステムは、電子健康記録を AI 技術で強
化し、各患者の特定のニーズに対応した治療
計画の自動調整を可能にする

2. 将来的にはこのテクノロジーを国際市場にも拡大
し、世界中の医療システムの改善に貢献する

　この箇条書きを要約文にするために、まずメインメッセージとサブメッセージだけにしてみましょう。すると、次のようになります 図 05- 03 。

図 05- 03

・インテリジェントヘルスケア株式会社とビジョンメディカルズ株式会社が新会社、ヘルス AI テクノロジーズ株式会社（以下ヘルス AI）を設立し、202X 年度内をめどに共同事業を開始予定

    ・ヘルス AI の社名には「革新的な医療技術と AI を組み合わせて、すべての人に高度な健康管理を提供したい」という両社の願いが込められている

    ・202X 年代半ばまでには、これらのサービスを全国の自治体や企業に広げ、AI がリアルタイムで個々の健康状態を分析し、必要な医療サポートを提供する「インテリジェント・ヘルスケアプラットフォーム」を展開する

    ・202X 年半ばには、社会課題である高齢化社会を背景にした増え続ける医療費への抑止が期待できる「AI-EHR システム」で予防医療を改革する

各箇条書きの「・」をとり、それぞれ文末に句点「。」をつけ、スペースを削除します。すると次のようになります 図 05-04 。

図 05-04

インテリジェントヘルスケア株式会社とビジョンメディカルズ株式会社が新会社、ヘルス AI テクノロジーズ株式会社（以下ヘルス AI）を設立し、202X 年度内をめどに共同事業を開始予定。ヘルス AI の社名には「革新的な医療技術と AI を組み合わせて、すべての人に高度な健康管理を提供したい」という両社の願いが込められている。202X 年代半ばまでには、これらのサービスを全国の自治体や企業に広げ、AI がリアルタイムで個々の健康状態を分析し、必要な医療サポートを提供する「インテリジェント・ヘルスケアプラットフォーム」を展開する。202X 年半ばには、社会課題である高齢化社会を背景にした増え続ける医療費への抑止が期待できる「AI-EHR システム」で予防医療を改革する。

　あとは、文章の体裁を整えるために、文体を「ですます調」にしたり、必要に応じて、助詞や接続詞などを追加します 図 05-05 。下線の部分が修正した箇所です。

図 05-05

インテリジェントヘルスケア株式会社とビジョンメディカルズ株式会社が新会社、ヘルス AI テクノロジーズ株式会社（以下ヘルス AI）を設立し、202X 年度内をめどに共同事業を開始する予定です。ヘルス AI の社名には「革新的な医療技術と AI を組み合わせて、すべての人に高度な健康管理を提供し

たい」という両社の願いが込められています。202X 年代半ばまでには、これらのサービスを全国の自治体や企業に広げ、AI がリアルタイムで個々の健康状態を分析し、必要な医療サポートを提供する「インテリジェント・ヘルスケアプラットフォーム」を展開します。202X 年半ばには、社会課題である高齢化社会を背景にした増え続ける医療費への抑止が期待できる「AI-EHR システム」で予防医療を改革します。

　これで、「サブステップ1　メインメッセージとサブメッセージを合体させる」は終了です。

サブステップ2
文章チェック

　このサブステップでは、サブステップ1で作成した文章を読み、読み手が内容をきちんと理解できるかをチェックします。もしわかりにくいと思われる箇所があれば、箇条書きのピラミッドの階層を一段降りて説明を補います。

　先ほどの 図05-05 の文章を読んだとき、私は最後の「202X年半ばには、社会課題である高齢化社会を背景にした増え続ける医療費への抑止が期待できる『AI-EHRシステム』で予防医療を改革します。」がわかりにくいと思いました。

　どうやって「AI-HERシステム」というものが、予防医療を改革することになるのか、もう少し説明がほしいところです。このようなときに、わかりにくい箇所のピラミッドの階層を一段降ります。なぜかというと、ピラミッドの下は上の内容をさらに詳細に説明したものだからです。

　ですから、上位階層にある箇条書きがわかりにくいときは、下の階層にある箇条書きから必要な情報を抽出して、説明を補います。もともと、この箇所は次のような箇条書きでした 図05-06 。

> 図05-06
> ・202X年半ばには、社会課題である高齢化社会を背景にした増え続ける医療費への抑止が期待できる「AI-EHRシステム」で予防医療を改革する

> 1. 202X 年代半ばまでに展開予定の「AI-EHR システム」
> は、慢性疾患患者の日常生活をサポートし、地域社会
> における予防医療を革新する
>   ・このシステムは、電子健康記録を AI 技術で強化し、
>   各患者の特定のニーズに対応した治療計画の自動
>   調整を可能にする
> 2. 将来的にはこのテクノロジーを国際市場にも拡大し、
>   世界中の医療システムの改善に貢献する

　箇条書きのピラミッドを一段降りて「1.202X 年代半ばまでに展開予定〜」の文章を見ると「『AI-EHR システム』は慢性疾患患者の日常生活をサポートし」とあります。ただ、これでもまだわかりにくいです。どのようにサポートするのでしょうか？

　そこで、さらにもう一段、階層を降ります。すると、「電子健康記録を AI 技術で強化し、各患者の特定のニーズに対応した治療計画の自動調整を可能にする」とあります。これを見ると、「AI-EHR システム」がどのように医療費抑止に期待できるかがわかりますね。

　では、最後の部分を修正します。修正したものが次の文章です 図 05-07 。もとの箇条書きの修正箇所は下線にしています。

図 05-07

インテリジェントヘルスケア株式会社とビジョンメディカルズ株式会社が新会社、ヘルス AI テクノロジーズ株式会社（以下ヘルス AI）を設立し、202X 年度内をめどに共同事業を開始する予定です。ヘルス AI の社名には「革新的な医療技術と AI を組み合わせて、すべての人に高度な健康管理を提供したい」という両社の願いが込められています。202X 年代半

ばまでには、これらのサービスを全国の自治体や企業に広げ、AIがリアルタイムで個々の健康状態を分析し、必要な医療サポートを提供する「インテリジェント・ヘルスケアプラットフォーム」を展開します。202X年半ばには、社会課題である高齢化社会を背景にした増え続ける医療費への抑止が期待できる「AI-EHRシステム」で予防医療を改革します。このシステムは、電子健康記録をAI技術で強化し、各患者の特定のニーズに対応した治療計画の自動調整を可能にします。

　これで要約の文章が完成しました。

　もとのプレスリリースを5つのステップを通じて、このように要約しました。各ステップを通じて、情報を整理したり、「モレなくダブりなく」も確認しているので、きちんとロジカルになっています。

　また、情報整理の段階で箇条書きを使っているため、なぜその要約に至ったのか、そして要約の内容を支える要素も体系的にわかります。

　これで「ステップ⑤　要約して文章化する」は終わりです。箇条書きを使った要約の一連のステップはすべて済みました。

> **Check!**
>
> ## 報告するときは、文章だけでなく箇条書きも送る

　要約が完成したら、報告相手に送るだけです。これにもコツがあります。**要約と一緒に箇条書きで作った論理ピラミッドも送る**のです。これには２つの理由があります。

　１つ目の理由は、要約を受け取った相手が、もう少し詳細を知りたいと思ったときに、論理ピラミッドを見ればわかるようにするためです。報告したあと、先方から「こういう話はなかった？」「ここの具体例はある？」などと質問されることがあります。聞かれるたびに論理ピラミッドの中から解答を抽出し、小出しに答えるのは効率が良くありません。それならいっそのこと、最初から論理ピラミッドも送ってしまい、必要に応じて参照してもらうようにするほうがよいです。

　論理ピラミッドこそ、要約の作成者が整理した、要約するトピックの全体像です。MECE も担保されています。

　また、論理ピラミッドを見れば、要約に入っている情報だけでなく、あえて省略した情報も明らかになります。私自身、要約を報告する際に辛かったのは、要約したもとの文章に書かれていないことにまで質問がおよんだときです。そもそももとの文章になければ答えようがありません。

　このような質問に対応するためにも、論理ピラミッドも提出するとよいのです。

2つ目の理由は、**自分の備忘録にする**ためです。いくつも要約を作成していると、どのような整理をしてその要約になったのかをどんどん忘れてしまいます。時間が経つほど思い出せなくなります。

報告の際に、要約とともに論理ピラミッドも提出しておけば、あとでメールのログから論理ピラミッドを探せば、どのように整理したのかを思い出せます。

以上の2つの理由から、報告の際に論理ピラミッドを提出するべきです。上司に要約と論理ピラミッドの両方を送る際のメールの例文は次の通りです 図 05-08 。

図 05-08

〇〇さん

お疲れさまです。

本日発表になった、インテリジェントヘルスケアとビジョンメディカルズの共同事業会社について、プレスリリースの要約を送ります。

マスカワシゲル

以下より要約

/// 要約 ///

インテリジェントヘルスケア株式会社とビジョンメディカルズ株式会社が新会社、ヘルス AI テクノロジーズ株式会社（以下ヘルス AI）を設立し、202X 年度内をめどに共同事業を開始する予定です。ヘルス AI の社名には「革新的な医療技術と AI を組み合わせて、すべての人に高度な健康管理を提供したい」という両社の願いが込められています。202X 年代半ばまでには、これらのサービスを全国の自治体や企業に広げ、

AIがリアルタイムで個々の健康状態を分析し、必要な医療サポートを提供する「インテリジェント・ヘルスケアプラットフォーム」を展開します。202X年半ばには、社会課題である高齢化社会を背景にした増え続ける医療費への抑止が期待できる「AI-EHRシステム」で予防医療を改革します。このシステムは、電子健康記録をAI技術で強化し、各患者の特定のニーズに対応した治療計画の自動調整を可能にします。

/// 詳細 ///

- インテリジェントヘルスケア株式会社とビジョンメディカルズ株式会社が新会社、ヘルスAIテクノロジーズ株式会社（以下ヘルスAI）を設立し、202X年度内をめどに共同事業を開始予定
  - ヘルスAIの社名には「革新的な医療技術とAIを組み合わせて、すべての人に高度な健康管理を提供したい」という両社の願いが込められている
    - ヘルスAIは、インテリジェントヘルスケアの「AIによる健康革命を」ビジョンとビジョンメディカルズの「最先端医療で人々を支える」理念を融合し、未来の医療社会の実現を目指す
  - 202X年代半ばまでには、これらのサービスを全国の自治体や企業に広げ、AIがリアルタイムで個々の健康状態を分析し、必要な医療サポートを提供する「インテリジェント・ヘルスケアプラットフォーム」を展開する
    - たとえば、糖尿病患者向けに、彼らの生活習慣や血糖値データを分析し、個別に最適化された食事提案や運動プログラムをAIが自動で提供すること

で、病状の管理と健康の維持を支援する

1. ヘルス AI は、ビジョンメディカルズの医療ノウハウとインテリジェントヘルスケアの AI 技術を組み合わせて
   - 病気の予防をする
   - 早期発見を促進する
   - パーソナライズされたヘルスケアソリューションを提供する
2. まず、ヘルス AI は、地方自治体向けにカスタマイズ可能な健康管理プログラムを展開する
   - このプログラムは、自治体の保健データと AI 分析を統合して、住民一人ひとりに最適な健康推進策を提案し、医療費の削減と市民の生活品質の向上を目指す

- 202X 年半ばには、社会課題である高齢化社会を背景にした増え続ける医療費への抑止が期待できる「AI-EHR システム」で予防医療を改革する

  1. 202X 年代半ばまでに展開予定の「AI-EHR システム」は、慢性疾患患者の日常生活をサポートし、地域社会における予防医療を革新する
     - このシステムは、電子健康記録を AI 技術で強化し、各患者の特定のニーズに対応した治療計画の自動調整を可能にする
  2. 将来的にはこのテクノロジーを国際市場にも拡大し、世界中の医療システムの改善に貢献する

急がばまわれ

　要約を作るための５つのステップを見てきました。ステップバイステップで要約を作るのは、最初はもどかしく感じますし、時間がかかります。頭の中で考えて、いきなり書き出したほうが早いように感じてしまいます。かつての私もそうでした。

　しかし、結果としては、きちんとしたプロセスを経たほうが効率的です。いきなり書き出そうと思っても、どう書こうかと考える、というよりも、迷うため時間がかかります。それに対して、プロセスに沿って書けば、何をどうするかの順番が決まっていて、その通りに作業するだけなので、迷わずに済み、手が止まりません。

　しかも、プロセスは同じなので、慣れればどんどん速くできるようになりますし、要約の質も高くなります。また、作成した要約と論理ピラミッドを見返すことで、「自分はこのときはこう考えていたのか……」といった内省ができ、さらなる成長につながります。ぜひ、要約を作成したら、あとで振り返り、自分の思考の軌跡をたどるようにしてください。

第6章

MECEに分ける練習

ロジカルシンキングの基本中の基本「MECE」

　この章ではMECE（モレなくダブりなく）のスキルを上げるための練習問題をやっていただきます。なぜなら、MECEは箇条書き・要約をするときに限らず、さまざまな場面で使えるからです。
　普段の仕事の中でMECEを意識して考えるだけで、ほかの人と相当な差別化をはかれます。

　ただし、注意していただきたいのですが、MECEを使っていることはひけらかさないほうがよいでしょう。
　たとえば、若手社会人がビジネススクールに通ってロジカルシンキングの基本をちょっと学ぶと、普段の業務の中で「これはMECEじゃないよね」とか「MECEにするためには何か欠けている気がする」などと、よく口にするようになります。ところが、こうしたビジネス用語を連発すると、周りの人たちから「上から目線」だと思われ、イヤがられたり、ムッとされたりすることが多いです。ですから、気をつけていただけたらと思います。

　あえてMECEという言葉を使わずに、**「ここにこれが入ると全体をカバーできる気がするんですよね」**といった表現で、議論の方向性をやんわりとMECEな状態に誘導するのが、周りから好かれるビジネスパーソンです。

MECEが身につくと箇条書き・要約のスキルが上がる

MECE のスキルがアップすれば、箇条書き・要約のスキルもアップします。これまで皆さんに紹介した要約テクニックのポイントの1つは、**「自分を取り巻く環境、文脈を踏まえた上で情報の取捨選択をする」**ということでした。

私はオンライン学習プラットフォームの Udemy でも、箇条書き・要約の講座を公開しているのですが、受講者の方たちから寄せられたコメントを見ると、この点を評価していただいているものが多いです。

「自分を取り巻く環境、文脈」を考えるときにも MECE は役に立ちます。特に、踏まえる文脈の抜けモレを防ぐことができます。

たとえ話を使って説明しましょう。

皆さんが営業部員で、他社の新商品のプレスリリースを要約して上司に報告しようとしていたとします。そのとき、もちろん自分を取り巻く環境として営業部への影響は考えるでしょう。また、他社商品が自社商品よりも安価に提供されることをキーとして、製造部への影響も要約に盛り込みました。

ここからさらにブラッシュアップするために、「果たしてこれで MECE になっているのだろうか?」と考えてみます。「会社」という全体で考えると、営業部、製造部のほかにも経理部、総務部、研究開発部などもあるはずです。

そう考えたとき、他社の新商品が安価な理由は、製造工程によるものではなく、「そもそも素材が違うのではないか?」などと新たな仮説が出てくるかもしれません。

すると、プレスリリースの本文には書かれていなかった製造工程や素材についての考察を要約に盛り込んで、要約の価値を高めることができたりするわけです。

MECEを考えるための4つの切り口

　MECEをゼロから考えるのは大変です。ダブリについては気がつきやすいのですが、モレには気づきにくいです。

　でも、ご安心ください。MECEのモレ防止には代表的な4つの切り口があります。本書では、これをさらに使いやすいように4つの質問の形に変えました。「モレはないかな？」と漠然と考えるのではなく、これから紹介する4つの質問を頭に浮かべて、それに答える形でMECEを検証します。

　4つの質問とは次の通りです。

①これは全部のパーツがそろっている?
②この掛け合わせで全体を作れる?
③天使と悪魔、どちらが強い?
④次に進むステップは何?

　それぞれの質問について練習問題を用意したので、1つずつ見ていきましょう。すべてMECEの問題で「モレなく」の部分に焦点を当てた練習問題です。

　なぜ、モレにフォーカスしたかというと、私が実務の中で感じたのは、**ダブリは気づきやすいが、モレは見すごしてしまうケースが多かったからです。**ですから、今回は皆さんの学習の効率化のために、あえて「ダブリなく」の練習は省略しました。あらかじめご了承ください。

Check! MECEの練習問題①
要素分解
「これは全部のパーツがそろっている？」

　この要素分解型のMECEでは、目の前にあるモノゴトがそれを含むもっと大きな全体の一部分になっています。それを見出すための質問が「これは全部のパーツがそろっている？」です。

　では、さっそく練習問題です。質問を読んだら、まずは答えを紙に書き出したり、頭の中に思い浮かべてみたりしていただきたいと思います。解答例はそのあとにご確認ください。まずは簡単なものからやってみましょう。

●・・《練習問題①-1》 人間の感覚はいくつ?

(Q) 問題 ....

「人間が持つ感覚は視覚、聴覚、嗅覚これで全部です」
　これは正しいでしょうか?

(A) 解答例 ....

　まだありますよね。味覚と触覚が残っています。よく「五感をフル
に活用して」といわれます。人によっては「今、五感のうち３つが
あるから、あと２つだな」と考えたかもしれません。

　確かに、あらかじめ全体の数がわかっているとモレにくいですね。
同じようなものに、四季、七大陸、十二支などがあります。

　この質問ではすでにみんなが知っていることなので、答えは明白で
す。しかし、皆さんが仕事で直面する問題は答えがはっきりしている
もののほうが少ないでしょう。次は、もっと仕事の現場であり得そう
な問題です。

●・・《練習問題①-2》 ランチ会のセッティング

(Q) 問題 ....

　あなたは、上司から「来週うちの部署でランチ会をするから幹事を
お願いね」と言われました。

「場所はいつものイタリアンで。12時開始で予約しておいてくれ
る?」

　こう言い残して上司は去って行きました。ランチ会の準備に必要な
情報は全部そろっているでしょうか?

Ⓐ **解答例** ···

　仕事ではこういう場面はよくありますよね。この質問では、場所も時間も明確ですし、参加メンバーも「うちの部署」とわかっています。こういう一見問題なさそうなときほど、実はモレが起こりやすかったりします。

「これは全部のパーツがそろっている？」と自問して、モレがないかを検討してみましょう。もちろん、上司に直接聞いてはいけません。怒られるでしょうから。

　よく考えてみると、場所、時間、メンバーのほかにも、メニューの選定、予算はいくらかと思い浮かぶのではないでしょうか。

　もし、メンバーの昇進祝いのような特別なランチ会であれば、当日の進行役を決めたり、サプライズプレゼントを用意することも考えたほうがよさそうです。

　また、部署が大人数だと支払いの立て替えも大変です。上司がその場で立て替えてくれるのか、それともお店から請求書をもらってあとで払うのか。

　このように、自分を「取り巻く環境」を考慮する必要があります。

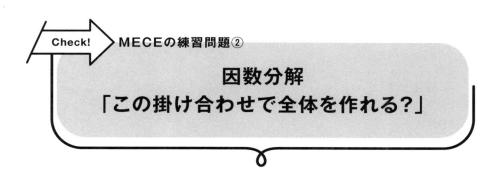

因数分解
「この掛け合わせで全体を作れる？」

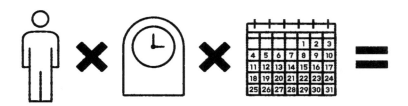

　因数分解型の MECE では、モノゴトが掛け合わせの合計で成り立っています。仕事でいえば、売上やコストなど数値が関係する場面で使うことが多いというのが私の実感です。

　仕事で数値に関する話が出てきたら、**「掛け算に分解できないだろうか？」**と考えるとよいでしょう。すでに掛け算で示されている場合は、**「個々の要素をさらに分解できないだろうか？」**と考えてみましょう。

　まず簡単な問題からやってみましょう。

●‥‥《練習問題②-1》メンバーの総労働時間を計算する

Q 問題 ‥‥‥‥‥‥‥‥‥‥‥‥‥‥‥‥‥‥‥‥‥‥‥‥‥‥‥‥‥‥‥

　上司から、あるプロジェクトの参加メンバーの総労働時間を算出するように言われました。プロジェクトの参加人数は6名です。それぞれが1日5時間、そのプロジェクトに参加しました。プロジェクトの期間は3日間でした。メンバーの総労働時間を計算してください。

A 解答例 ‥‥‥‥‥‥‥‥‥‥‥‥‥‥‥‥‥‥‥‥‥‥‥‥‥‥‥‥‥

　答えは、90時間ですね。

「6名×5時間／日×3日間＝90時間」で求められます。この問題のように最初に個々の分解された要素がわかっていれば、全体の数値を出すのは簡単です。

　しかし、実際の仕事の現場ではその逆の場合のほうが多いでしょう。つまり、まず全体があって、それを分解する。これには想像力と経験が必要になります。次の問題はまさにそうしたケースです。

●‥‥《練習問題②-2》会社の売上を分解する

Q 問題 ‥‥‥‥‥‥‥‥‥‥‥‥‥‥‥‥‥‥‥‥‥‥‥‥‥‥‥‥‥‥‥

皆さんがお勤めの会社の売上を分解してください。

A 解答例 ‥‥‥‥‥‥‥‥‥‥‥‥‥‥‥‥‥‥‥‥‥‥‥‥‥‥‥‥‥

　答えは、皆さんがどんな会社にお勤めなのかによって異なりますが、メーカーであれば「商品の単価×数量」が挙げられるでしょう。あるいは、サービス業ならば、「1人当たり顧客の平均売上×顧客来店数」となるでしょう。

さらに、足し算型も考えられます。

たとえば、全体は「法人顧客売上＋個人顧客売上」です。それぞれの売上をさらに「単価×数量」で分けるといった具合です。オンラインでビジネスをしている場合は、コンバージョン率などの要素も考慮に入れる必要があるでしょう。

さて、ここで重要なのは、まず出てきた掛け算の個々の要素に対して、「さらに分解できないか？」と考えてみることです。

たとえば、先ほどの「1人当たり顧客の平均売上」は、「顧客当たりの単価×購入数量」と、さらに分解できます。さらに、「顧客当たりの単価」も新規顧客と既存顧客の売上単価に分けることができます。

売上の分析には、さまざまなアプローチがありますが、基本はこのように分解して考えることです。なるべく細かく分解した上で、「以前と比べて何が変化したか？」「何が変化しなかったのか？」といったことが出発点となります。分析は「どこが良かった／悪かった」だけで終えてはいけません。「なぜそうした数値が出てきたか？」、そして「どうすれば改善するのか？」といったことを考える必要があります。これがAIにはできない、人間の価値なのです。

Check! MECEの練習問題③
対称概念 「天使と悪魔、どちらが強い?」

　この対称概念型のMECEは、目の前のモノゴトに対して「その逆のことは何だろう?」と考えることで、全体をカバーします。

　たとえば、天使と悪魔、量と質、メリットとデメリットといった具合です。

　対称概念型のMECEはほかのタイプと違う点があります。それは全体が何かがハッキリしないことです。

　天使と悪魔——この全体とは何でしょうか?

あるいは、ビジネスのさまざまな局面で聞く、量と質。その全体とは何でしょうか？

どちらもよくわかりません。

このように全体の意味が漠然としていますが、ディスカッションの場面でよく使われます。**議論が一方向に偏りそうなときに、その逆の概念をぶつけることで、「本当にそれで良いのか？」を検証できます。**

この場合、全体は議論すべき内容の全体といえるかもしれません。私は個人的に対称概念型の MECE が好きです。会議やミーティングで、相手の主張に対して逆の概念をぶつけたときに、ディスカッションに新しい風が吹き込まれた雰囲気になり、盛り上がることがあります。熱心に仕事をしているという充実感を得られます。ただし、議論の終盤だと、「何を今さら……」「それなら早く言ってよ」となるので注意しましょう。

では練習問題をやってみましょう。

●‥ 《練習問題③-1》どんなカゼ薬を買うべきか？

(Q) **問題** ⋯⋯⋯⋯⋯⋯⋯⋯⋯⋯⋯⋯⋯⋯⋯⋯⋯⋯⋯⋯⋯⋯⋯⋯⋯⋯⋯⋯⋯

カゼ気味なので薬局に行きました。鼻水が出ることを薬剤師さんに伝えると「この薬なら鼻水がすぐ止まりますよ」と言われました。対称概念型の MECE で考えたとき、薬剤師さんにどのような質問をすればよいでしょうか？

(A) **解答例** ⋯⋯⋯⋯⋯⋯⋯⋯⋯⋯⋯⋯⋯⋯⋯⋯⋯⋯⋯⋯⋯⋯⋯⋯⋯⋯⋯⋯⋯

「鼻水が止まる」のはメリットです。ならば「デメリットはないかな？」と考えるのがよさそうです。ですから、ここは「副作用はありますか？」と聞くのがよいでしょう。すると「眠くなります」とか「口が乾きや

147

すくなります」などと返ってくるかもしれません。もしかしたら、自分の状況に合わせて、ほかの薬を検討したほうがよいかもしれません。

このように、メリットに提示する相手にデメリットを質問するのは、性格が悪そうと思われるかもしれません。ただ、ダマされにくくなるのは確かです。

また、議論すべきトピックを広くカバーでき、良い面と悪い面を総合的に評価した上で決断できるので、決断の精度は上がります。

大げさなようですが、薬を1つ選ぶときであっても、メリットとデメリットも踏まえた上で判断したほうが、納得感は高まります。

●・・・ 《練習問題③-2》売上アップのための値引きは本当に必要か?

Q 問題 ··

新しい売上施策を検討する会議に参加しています。ある人から「大幅に値引きすることで、今月の売上が30%上がる（ので実施すべき）」という意見が出ました。対称概念型MECEで考えたとき、この意見に対してどのような質問をしたらよいでしょうか？

A 解答例 ··

「大幅に値引きをして30%売上アップ」ということは、直近の売上が危機的状況で、それに対応するための施策かもしれませんね。

こういうとき、多くの人はどうしても目の前の問題だけに集中してしまいがちです。ここで対称概念型のMECEが活躍します。

今月という短期間においては売上30%アップというメリットがありますが、中長期で考えた場合はどうでしょうか？　もしかしたら、今月大幅に値引きしたせいで、顧客は今後もその価格で提供されるの

が当たり前だと思ってしまうかもしれません。あるいは、顧客によっては足元を見て、さらなる値引きを要求してくるかもしれません。そうなったら、長期的には大きく損をしてしまいます。

　ですから、この場合、するべき質問は「その値引きによる翌月以降の影響はどうでしょうか？」あたりでしょう。

　さてこの問題は、皆さんが質問する立場ですが、立場を逆転させて皆さんが値引きを主張している場合でも、対称概念型 MECE は使えます。

　対称概念型 MECE で考えると、議論の席で必ず長期的な影響について質問されることが予想でき、それに対する回答をあらかじめ準備しておくことができます。

　たとえば、値引きをしなかったらその月の売上がどれだけ下がるかといったことです。あるいは、もっと単純に自分は値引きに賛成だが、反対する人たちは何を懸念しているのかを考えてみる。

　ちなみに、対称概念型の MECE によって両者の見解の相違点が明らかになったら、次にやるべきは共通点・妥協点を探ることです。それを突破口にして両者にとってより良い解決策を導き出すのが最終目的です。違いを明確にするのはその一歩にすぎません。

MECEの練習問題④
時系列
「次に進むステップは何?」

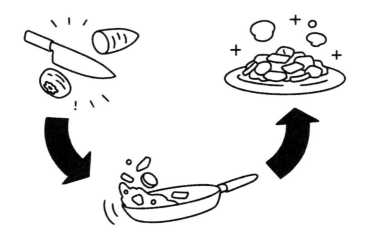

　時系列型のMECEでは全体が一連のプロセスになっています。
　たとえば、料理の手順などがそうです。材料を下ごしらえして、調理して、盛りつける。ビジネスでは、契約成立までの流れがそうです。アポ取り、商談、検討、そして契約という流れです。
　時系列型のMECEで気をつけたいのは、各手順の粒度を目的に合わせて変えていくことです。
　先ほどの契約までのプロセスですが、新入社員に仕事の流れを簡単に説明するのであれば、この程度の粒度でよいでしょう。

一方、営業チームの活動を効率化するために、プロセスを明らかにしようとするのであれば、これだと粒度が粗すぎます。まずアポ取りから細かいプロセスに分解できそうです。

たとえば、顧客リストの洗い出し。次にリスト内で過去の商談によるアプローチする顧客のスクリーニング。スクリーニングした顧客情報の整理。それが終わって初めてアポ取りという段取りかもしれません。

実務では、こうしたプロセスをモレなくダブりなくやろうと思ったときには、当事者の声が欠かせません。どうしても当事者以外の人間がプロセスを検討すると、粒度が粗くなってしまいます。粒度が粗いまま議論を進めても、結果も粗くなってしまうでしょう（やってみてから、「これでは粗すぎた」と気づくことが実際よくあります）。

では練習問題をやってみましょう。

●‥ 《練習問題④-1》企画書を作成する

Q 問題 ⋯⋯⋯⋯⋯⋯⋯⋯⋯⋯⋯⋯⋯⋯⋯⋯⋯⋯⋯⋯⋯⋯⋯⋯⋯⋯⋯⋯⋯⋯

上司から企画書の作成を頼まれました。どういう手順で作りますか？

A 解答例 ⋯⋯⋯⋯⋯⋯⋯⋯⋯⋯⋯⋯⋯⋯⋯⋯⋯⋯⋯⋯⋯⋯⋯⋯⋯⋯⋯⋯⋯

いきなり企画書を作り始めるという人もいるでしょう。つまり、「企画書作成→上司に提出」というプロセスです。一般的には、これは悪手とされていますが、実際にはこれでしっかりとした企画書を書き上げる人もいます。個人的には「すごいな」とは思いつつ同時に「真似できないな」とも思います。

私を含めて普通であれば、**「調査→構成案の検討→上司に確認→本文の作成→上司に提出」**が基本で、個別の状況に応じてもう少し細かなプロセスが追加されるといった感じでしょう。

いきなり企画書を書き始める人も、よくよく話を聞いてみると、頭の中で「情報を整理する→構成案の検討→内容検討→書き出し」といった一連のステップを踏んでいます。あるいは、こうしたプロセスが無意識に身についていて、本人からすると「企画書を作る」という１つのプロセスになっていたりします。

同じように、皆さんがモノゴトを MECE に分解する際にも「自分なりに無意識にやっていることがある」と思っておくとよいでしょう。

●・・《練習問題④-2》プロジェクトをどう進める?

Q 問題 ·····

上司から社内プロセスの改善プロジェクトのリーダーに抜擢されました。あなたはプロジェクトにどう取り組みますか?

A 解答例 ·····

「目の前にあるすぐにできるものからとにかく着手する」という考え方もあるでしょう。切羽詰まった状況ならば、それもよいかもしれません。しかし、ある程度、余裕があるならば、順序立てて、アプローチを検討するほうが、より包括的なアプローチを考えられそうです。

目の前の課題に着手するとしても、何も検討せずにいきなり着手するのと、検討プロセスを経てから始めるのとでは大きな差があります。検討プロセスを経るならば、「現状分析→改善案の提案→実施計画の策定→実行と評価」という順番が１つの解答例です。

もちろんこれが唯一の解答というわけではありません。皆さんはもっと多くのプロセスを挙げてくださったと思います。ここで大事なのは、「適切な粒度で分解されたプロセスの形になっているか？」です。

　言い換えれば、最後のプロセスからさかのぼったとき、「最後のプロセスの実行に必要なものが手前のプロセスで用意できているか？」です。
　たとえば、先ほどの解答例であれば、最後のプロセス「実行と評価」をするためには、その手前のプロセスで「何を実行するのか？」「何を評価するのか？」がわかっていなければなりません。
　プロセスを１つ戻ると「実施計画の策定」とあります。確かにここで実行する内容に関する計画が立てられています。このように実行に移してみたときに、無理のない順序になっているかを検証するのが良い時系列型の MECE です。

　以上で MECE の４つの型と練習問題は終わりです。
　いかがだったでしょうか？
　皆さんの日々のお仕事の中で、紹介した４つの質問が自然に頭に浮かぶようになっていただけたら、うれしいです。

第7章

論理ピラミッドを
作る練習

主張と根拠で
論理のピラミッドを組み立てる

　この章では、第3章で解説した論理ピラミッド（ピラミッドストラクチャー）を作る練習をしましょう。

「論理ピラミッドを作る」というと大変そうですが、要は**「主張と根拠をきちんと示しましょう」**ということです。主張が論理ピラミッドの頂上にあって、その下に主張を支える根拠がいくつかある形をピラミッドに例えただけです。

　こうした主張と根拠の関係について、ある程度パターン分けできます。練習問題を通じてこうしたパターンに、皆さんに慣れていただきたい、というのがこの章の主旨です。

　MECEを考えるときもそうでしたが、漠然と主張と根拠を考えるのは結構しんどいです。それこそ自分では「主張と根拠のセットがきちんとできている」と思っていても、ほかの人から「それってあなたの意見ですよね？」と返されてしまうこともよくあります。単なる意見ではなく、根拠でしっかり主張を支えるために、この章では演繹法と帰納法という2つの論理的思考法を身につけましょう。

演繹法と帰納法
——主張に根拠を示す2つの方法

　主張に対して根拠を示すとき、根拠の示し方には大きく分けて、「演繹法」と「帰納法」という2つの方法があります。

　演繹法とは、一般的な原則やルールから具体的な結論を導き出す方法です。 最も有名な例で説明します。「人間は死ぬ」というのは一般的な原則ですよね。このことから「マスカワシゲルは人間だから、マスカワシゲルも死ぬ」という結論を導くことができます。

　このように多くの人が賛成してくれる一般論を持ち出し、「この目の前の出来事も一般論に沿っているので、その通りになる」と根拠を示します。ほかにも身近な例として法律があります。「人のモノを盗むのは犯罪だと法律で決まっている」「だから銀行強盗は犯罪だ」と主張できます。これが演繹法です。

　もう1つは帰納法です。演繹法とは逆の順序で主張と根拠のセットを作ります。**具体的な事例やデータから一般的な結論や法則を導き出します。**「ビッグデータを分析した結果、顧客は〇〇と感じていることがわかった」というのはまさに帰納法です。

　帰納法の有名な例は白鳥のエピソードです。

「世界各地で白鳥を観察したが、白鳥はすべて白かった」

「ゆえに白鳥は白い」

（この時点で「えっ？」と思われた方がいらっしゃるかもしれませんが、このままお読みください。）

　このように帰納法では、材料となる根拠をいくつも集めた上で結論を導き出す地道な方法です。先ほど紹介した演繹法は一般的なルールを持ち出してそれを根拠にしているのでトップダウン型です。一方、帰納法は「現場で実際に起こっていることを検証するとどうやらこういう結論に至る」というボトムアップ型です。

　ビジネスの現場で演繹法と帰納法を使うときに注意していただきたいことがあります。それは完全に根拠を示すことは難しいということです。

　演繹法で一般原則を示しても、すべての人が同意してくれるとは限りません。また、先ほどの帰納法の白鳥のように、実は黒い白鳥（オーストラリアに棲息するブラックスワン）も存在するということもあります。

　ビジネスの現場では、こうした限界も踏まえつつ、自分が主張しようとすることに対して、「それなりに確からしい根拠を示せればよい」くらいに考えていただけたらと思います。

　ここまでで主張を支える根拠の立て方として、演繹法と帰納法を説明しました。ただ、この2つだけだと実務では使い勝手が悪いと思います。そこで、それぞれについてさらに3つの分類をしました。練習問題で慣れていただくことで、皆さんが仕事で使いやすい知的武器にしていただけたらと思います。

　まずは演繹法から見ていきましょう。

> **Check!**
>
> # 演繹法の3つの武器
> ## ―論理的根拠、専門家の意見、歴史的根拠

演繹法をカジュアルに言い換えると「だってあの人が言ったんだもん」型となります。

何かしらの権威を持つ人物・団体があって、「その人・団体がこう言っている。だから私の言っていることも正しい」ということです。「虎の威を借りる狐」型と言ってもよいかもしれません。

さて「あの人が言ったんだもん」型である演繹法には、「あの人」がどんな人なのかによって、3つのタイプに分けられます。

1つ目は、あの人が「ロジック」である**論理的根拠型**です。これは「ロジックで考えれば当然こうなる」というものです。

2つ目は、あの人が「専門家」である**専門家の意見型**です。「この道の権威が私の主張の根拠を示しているんだから間違いないでしょう」というものです。

3つ目は、あの人は**「歴史的根拠」**です。もっと簡単に言えば「前に似たようなことがあったから、今回も同じ結果になる可能性が高い」です。

皆さんが何か主張したいことがあって、その根拠を「だってあの人が言ったんだもん」型の演繹法で根拠づけをしようと決めたとします。さて「あの人」はどの人かということで、さらに論理的根拠型を使うか、専門家の意見型を使うか、あるいは歴史的根拠型を使うか？

こういった具合に皆さんの頭の中で、あたかもゲームの戦いのとき

に、「どの武器を使おうか？」「どの呪文を使おうか？」という感覚で選んでいただけるようになったら、私は役割を果たしたことになります。

　では、それぞれの型を練習問題を通して身につけましょう。問題は、ビジネスの現場でよくある上司への提案という場面を想定しています。

●・・《練習問題①》論理的根拠を使って提案する

Ⓠ 問題 ⋯⋯⋯⋯⋯⋯⋯⋯⋯⋯⋯⋯⋯⋯⋯⋯⋯⋯⋯⋯⋯⋯⋯⋯⋯⋯⋯⋯⋯⋯⋯⋯

　あなたは新商品のマーケティング担当者です。新商品の発売に向けて、上司にマーケティング戦略を提案する必要があります。幸い類似商品の成功例があります。以下の事実にもとづいて上司にどう提案しますか？

　箇条書きによる論理ピラミッドと、上司に報告するときのスクリプトを考えてください。

Ⓕ 事実 ⋯⋯⋯⋯⋯⋯⋯⋯⋯⋯⋯⋯⋯⋯⋯⋯⋯⋯⋯⋯⋯⋯⋯⋯⋯⋯⋯⋯⋯⋯⋯⋯⋯⋯

・　既存商品Aは市場での売上が好調
・　商品Aの成功は、顧客ターゲット層を絞った独自のマーケティング手法のおかげといわれている
・　新商品Bは商品Aと同じ顧客ターゲット層を狙っている

　今回は、既存商品Aのマーケティングの成功事例を新商品Bに横展開しようとしているわけです。このときやりがちなのが「商品Aと同じマーケティング手法を新商品Bでもやりましょう」とだけ提案してしまうことです。

一見問題なさそうな主張ですが、これだけでは根拠に欠けます。なぜ商品Aと同じマーケティング手法を使うのか？　理由がわかりません。商品Aの成功はターゲット層を絞った独自のマーケティング手法であること。そして、商品Aのターゲットと新商品Bのターゲットは同じであることをきちんと示す必要があります。

Ⓐ 解答例 ··

1.論理ピラミッドの解答例

- 新商品Bのマーケティングは、既存商品Aのマーケティング手法を使うべき
  - 商品Aは市場での売上が好調
    - 商品Aの成功は、顧客ターゲット層を絞った独自のマーケティング手法のおかげといわれている
  - 新商品Bは商品Aと同じ顧客ターゲット層を狙っている

2.上司への報告スクリプト例

「新商品Bのマーケティングは、既存商品Aのマーケティング手法を使いましょう。なぜなら商品Aの成功は、そのターゲット層を絞った独特な手法によるものといわれています。新商品Bも商品Aと同じ顧客ターゲット層を狙っています。そのため、商品Aのマーケティング手法をそのまま活用すると成功の確率が高いと考えられます」

●···《練習問題②》専門家の意見を使って提案する

Q 問題 ···

あなたは人事部の担当者です。新しい従業員評価制度を導入する提案を上司に行なう必要があります。幸い、新制度に関しては専門家のお墨つきが得られています。以下の事実にもとづいて上司にどのように提案しますか？

箇条書きによる論理ピラミッドと、上司に報告するときのスクリプトを考えてください。

F 事実 ··

・　人事評価の専門コンサルタントである鈴木氏は、360度評価が従業員のモチベーション向上に効果的であると提言している

・　鈴木氏の提言を導入した企業の多くが従業員満足度と生産性を向上させている

・　当社も従業員のモチベーション向上を重要課題としている

何か社内で解決したい問題があるとき、外部の専門家にお願いすることはよくありますね。多くの会社では、税務業務をその専門家である税理士さんにお願いしているのではないでしょうか。その背景には複雑で難しいことでも、専門家であれば正しい答えをくれるはずという暗黙の前提があります。

今回の練習問題では、「従業員のモチベーションを上げたい」という課題に対して、何かしらの施策を行ないたいわけです。施策には、1on1、給料アップなどさまざまなものがあります。

その中から皆さんは360度評価を導入したいと考えました。という

のも、実績ある専門家の鈴木さんが提案しているからです。まさに
「だってあの人がそう言ったんだもん」ですね。何だか自分で考える
ことを放棄している感じがしますが、仕事ではこうしたことはよくあ
ります。

　たとえば、ワンマン社長が経営する会社であれば「だって社長がそ
う言ったんだもん」で多くのことが決まります。こうしたことは悪い
ことのように語られることが多いですが、私の実感からすると社長が
言うことには正しいことも多いですし、その通りにやるだけなので省
エネにもなります（やはりワンマン社長をやるだけの人物はそれだけ
の実力があるわけですから）。

Ⓐ **解答例** ···

1.論理ピラミッドの解答例

- 新しい従業員評価制度には、鈴木氏の提言する360度評価を導入
  すべき
  - 評価の専門コンサルタントである鈴木氏は、360度評価が従
    業員のモチベーション向上に効果的であると提言している
    - 鈴木氏の提言を導入した企業の多くが従業員満足度と生
      産性を向上させている
  - 当社も従業員のモチベーション向上を重要課題としている

2.上司への報告スクリプト例

「新しい従業員評価制度には、鈴木氏の提言する 360 度評価を導入

しましょう。鈴木氏は 360 度評価が従業員のモチベーション向上に効果的であると提言しており、その成果は導入企業の多くで従業員満足度と生産性の向上という形で実証されています。当社も従業員のモチベーション向上を重要課題としているため、360 度評価を導入することで、同様の効果が期待できると考えられます」

●・・《練習問題③》歴史的根拠にもとづいて提案する

Ⓠ 問題 ⋯⋯⋯⋯⋯⋯⋯⋯⋯⋯⋯⋯⋯⋯⋯⋯⋯⋯⋯⋯⋯⋯⋯⋯⋯⋯⋯⋯⋯⋯⋯

あなたは経営戦略部の担当者です。今回、ライバル会社との合併を提案する必要があります。以下の事実にもとづいて上司にどのように提案しますか？

箇条書きによる論理ピラミッドと、上司に報告するときのスクリプトを考えてください。

Ⓕ 事実 ⋯⋯⋯⋯⋯⋯⋯⋯⋯⋯⋯⋯⋯⋯⋯⋯⋯⋯⋯⋯⋯⋯⋯⋯⋯⋯⋯⋯⋯⋯⋯

- 1990年代、ライバル関係にあったA社とB社が合併した
- 合併当初は両社の対立が懸念されたが、最終的にはお互いの弱みを補完し合い、成功を収めた
- 合併後、A社とB社の市場シェアは大幅に増加し、競争力が向上した
- 当社もライバル会社Xとの合併を検討している

歴史的根拠というと、学校の歴史の授業で学ぶような大げさなことを想像してしまいがちです。必ずしもそんな必要はありません。過去の事例くらいの感覚で捉えればよいでしょう。

日経新聞やビジネス誌・書籍をよく読む方は、こうした過去の事例

を豊富に知っています。また、事例の多くは自分のビジネスの参考になることも多いです。

　ただ、注意したいのは、事例はそのときの環境や条件がそれぞれ異なっていることです。
　たとえば、同じ業界の非常によく似ている M&A 事例であっても、好景気のときと不景気のときに行なわれるのでは、まったく事情が異なるのは想像できるでしょう。
　ですから、もし皆さんが**歴史的根拠を使う場合には、参照する事例の自社との類似点だけではなく、相違点にも注意**していただきたいと思います。そうすることで、根拠の説得力がさらに増します。

Ⓐ 解答例 ⋯⋯⋯⋯⋯⋯⋯⋯⋯⋯⋯⋯⋯⋯⋯⋯⋯⋯⋯⋯⋯⋯⋯⋯⋯⋯⋯⋯⋯⋯⋯⋯

1.論理ピラミッドの解答例

- ライバル企業X社と合併すべき
  - 1990年代、ライバル関係にあったA社とB社が合併後、成功を収めた
    - 合併当初は両社の対立が懸念されたが、最終的にはお互いの弱みを補完し合い、成功を収めた
    - 合併後、A社とB社の市場シェアは大幅に増加し、競争力が向上した
  - 合併を検討しているX社と当社の関係は、合併前のA社とB社の関係に似ている

2.上司への報告スクリプト例

「ライバル企業X社との合併を提案いたします。1990年代にA社とB社が合併した際、当初は対立が懸念されましたが、最終的にはお互いの弱みを補完し合い、大成功を収めました。合併後、両社の市場シェアは大幅に増加し、競争力が向上しました。わが社とX社はライバル関係にあり、お互いが手薄な市場へと進出していった経緯があります。A社とB社の状況でも同様の競争関係であったがゆえに、合併後には競合他社の進出余地がない市場シェアを確保できたようです。わが社とX社も同様な競争を行なっています。そのため、合併によりお互いの弱みを補完し合い、隙のない市場シェアを築き、競合他社に対して競争力を向上させることが期待できます」

　以上、演繹法における3つの分類と練習問題でした。次からは帰納法を見ていきましょう。

帰納法をマスターしよう!
―事実、統計、例示の3つの根拠を使った練習問題

　帰納法をカジュアルに表現するならば「雲が出ているから、雨が降るでしょう」型と言えます。

　マッキンゼーが開発した「空・雨・傘」フレームワークが帰納法の代表的な例です。空を見上げたら雲が広がっていた。その事実を根拠にして、今後は雨が降るだろうと予測した。降雨が予想されるので、傘を持っていくというものです。

　これは、主張とその根拠も示し、かつアクションまでを説明するフレームワークです。

　さて「雲が出ているから、雨が降るでしょう」型の帰納法ですが、主張の根拠となる事実の出し方について、**「数的根拠」「統計的根拠」「例示的根拠」**の3つに分けることができます。

　この3つを、練習問題を通して実務での使い方を身につけましょう。これもビジネスの現場でよくある上司への提案場面を想定しています。

《練習問題④》売上低下の原因を数的根拠で解明する

Q 問題

　あなたは営業部の担当者です。売上が前月より下がっている原因を上司に報告し、改善策を提案する必要があります。以下の事実にもとづいて上司にどう提案しますか?

箇条書きによる論理ピラミッドと、上司に報告をするときのスクリプトを考えてください。

F 事実 ....

- 全体の売上が前月より10％下がっている
- 商品Aの売上が前月より15％下がっている
- ほかの商品（商品B、商品C、商品D）は売上がほぼ変わらない
- 商品Aは最近競合他社の新商品と直接競合している

こうした場面は多くの会社で毎月繰り広げられているでしょう。売上が上がった／下がった、その背景の説明など。私自身、毎月面倒だなと思いながらやっています。

主張に対する根拠に数値を使うのは強いですよね。数値で示す場合、あとで説明する統計的根拠を除けば、多くの場合は帰納法の数的根拠型になるでしょう。

数的根拠を使う場合のコツは分解です。今回の練習問題も全体として売上が下がっていて、その背景について「こうだからです！」というとき、全体を個々の要素に分解して、それが「比較対象と比べてどうなったか？」を述べることになります。さらに、報告時には対策案も添えると評価が上がります。

A 解答例 ....

1.論理ピラミッドの解答例

- 全体の10％売上低下の原因は商品Aのせい
  - 商品Aの売上が前月より15％下がっている

- 商品Aは最近競合他社の新商品と直接競合している
- ほかの商品（商品B、商品C、商品D）は売上がほぼ変わらない

2.上司への報告スクリプト例

「全体の売上が前月より 10％下がっていますが、特に商品 A の売上が 15％下がっていることが原因です。ほかの商品（商品 B、商品 C、商品 D）の売上はほぼ変わっていません。最近、商品 A は競合他社の新商品と直接競合しています。このため、売上減少の主な原因は商品 A にあります。対策として、商品 A のマーケティングを強化し、競合他社の商品との差別化を図ることが必要です」

●・・《練習問題⑤》新しい広告キャンペーンを統計的根拠により提案する

Ｑ 問題

あなたはマーケティング部の担当者です。新しい広告キャンペーンの導入を提案する必要があります。以下の事実にもとづいて上司にどう提案しますか？

箇条書きによる論理ピラミッドと、上司に報告するときのスクリプトを考えてください。

Ｆ 事実

- 過去の広告キャンペーンにおいて、SNS広告を使用した場合、顧客の反応率が平均20％向上した
- テレビ広告を使用した場合の顧客の反応率は平均5％増加にとどまっている

- SNS広告を使用したキャンペーンでは、20代から30代の顧客層の反応が特に高かった
- 新商品Xは主に20代から30代の顧客をターゲットとしている

　ここで「数的根拠と統計的根拠の違いは何だろう？」と思われた方は鋭いです。数的根拠は、数字で根拠を示すことでした。「そうであれば、統計だって数字じゃないか」と言われれば、その通りです。

　統計的根拠は、統計学的な手法を用いて得られたデータに基づいた根拠です。これは、多数のデータポイントやサンプルを分析し、全体的な傾向やパターンを導き出すものです。

　統計的根拠は、一般化や予測を行なうために使用されることが多いです。ですから、統計的根拠は数的根拠の１種類と思っていただければと思います。

　なぜ統計的根拠が別建てなのかといえば、何かしらの計算の結果をもとに算出しているので、根拠としての確からしさとして、その計算過程や前提まで示す必要があるケースがあるからです。

　たとえば、今回の練習問題には「反応率」とありますが、この反応率がどのように計算されたか示す必要があります。もちろん、上司がすでに計算を理解している場合は不要です。

　一方で、他部署に説明するときなどであれば、数式があると納得感がさらに上がるでしょう。「数字を使って説明しているのに、どうもみんなわかってくれない」と思っていたら、裏では「アイツはどうやって計算しているのかわからないKPI（Key Performance Indicator：重要業績評価指標）を振りかざして、みんなを煙に巻くように説明す

る」などと言われているかもしれません。気をつけましょう。

Ⓐ 解答例

1.論理ピラミッドの解答例

- 新商品Xの広告キャンペーンには、SNS広告を使用すべき
  - 過去のキャンペーンでは、テレビ広告よりもSNS広告のほうが反応率が高かった
    - 過去の広告キャンペーンにおいて、SNS広告を使用した場合、顧客の反応率が平均20％向上した
    - テレビ広告を使用した場合の顧客の反応率は平均5％増加にとどまっている
  - 新商品Xのターゲットに合わせたキャンペーンはSNSである
    - SNS広告を使用したキャンペーンでは、20代から30代の顧客層の反応が特に高かった
    - 新商品Xは主に20代から30代の顧客をターゲットとしている

2.上司への報告スクリプト例

「新商品Xの広告キャンペーンには、SNS広告を積極的に使用しましょう。過去の広告キャンペーンにおいて、SNS広告を使用した場合、顧客の反応率が平均20％向上しました。わが社における反応率の計算式は、広告に反応した顧客数を広告を見た顧客数で割った数です。具体的なデータによると、SNS広告を使用した場合の顧客の反応率は20％増加しましたが、テレビ広告では反応率が5％増加にとどまっ

ています。さらに、SNS広告を使用したキャンペーンでは、20代から30代の顧客層の反応が特に高かったです。新商品Xも主に20代から30代の顧客をターゲットとしているため、SNS広告を使用することで、より高い反応率と売上向上が期待できます」

●・・《練習問題⑥》新しい在庫管理システムの導入効果を例示で示す

(Q) **問題** ....

あなたは物流部の担当者です。新しい在庫管理システムの導入を提案する必要があります。過去の具体例に基づいて提案を行なってください。

箇条書きによる論理ピラミッドと、上司に報告するときのスクリプトを考えてください。

(F) **事実** ....

- 倉庫Aで新しい在庫管理システムを導入した結果、在庫回転率が15%向上した
- 倉庫Bでも同様のシステムを導入し、在庫誤差が10%減少した
- 倉庫Cでは新しいシステム導入後、出荷遅延が20%減少した
- 当社は全体的な物流効率の向上を目指している

例示は帰納法の中でも、使いやすい根拠立てです。とにかく主張をサポートするような実例をもってくるのがこの方法です。

数的根拠や統計的根拠の場合、数字があることが前提です。しかし、実務においては、すべての数字がきちんとそろっていることのほうが珍しいのではないでしょうか。そう考えると例示は主張をサポートする事実を集めればよいので使い勝手が良いです。

一方、手軽さゆえに注意していただきたいのが、主張をサポートする事実だけを意識的、無意識的に集めてしまうことです。これは実際によくあります。

これを**「確証バイアス」**といいます。**仮説を検証する際に、それを支持する情報ばかりを集めてしまい、反証につながる情報を無視したり、集めようとしない傾向のことです。**

ですから、例示をする場合には、「あくまで手に入った情報によると」と前置きをするなど、**あえて不完全であることを示しておくと、逆に説得力が増します。**聞いている側からすると、この人は公正な立場からモノゴトを見た上で主張しているという安心感があります。

Ⓐ **解答例** ··

1.論理ピラミッドの解答例

- 新しい在庫管理システムを導入すべき
    - 新しい在庫システムには複数の成功例がある
        - 倉庫Aで新しい在庫管理システムを導入した結果、在庫回転率が15%向上した
        - 倉庫Bでも同様のシステムを導入し、在庫誤差が10%減少した
        - 倉庫Cでは新しいシステム導入後、出荷遅延が20%減少した
    - 当社も全体的な物流効率の向上を目指している

2.上司への提案スクリプト例

「新しい在庫管理システムを導入しましょう。以下の具体例は、この
システムが効果的であることを示します：

- 倉庫Aで新しい在庫管理システムを導入した結果、在庫回転率が
  15％向上しました。
- 倉庫Bでも同様のシステムを導入し、在庫誤差が10％減少しまし
  た。
- 倉庫Cでは新しいシステム導入後、出荷遅延が20％減少しまし
  た。

　これらの成功事例から、まだ導入して３カ月しか経っていませんが、
新しい在庫管理システムは全体的な物流効率の向上に効果的であると
考えられます。当社は全体的な物流効率の向上を目指しているため、
このシステムを導入することは非常に有益です。」

　以上で演繹法と帰納法の合計６つのパターンを見てきました。重
要なことは、それぞれのパターンをきちんと分類することではあ
りません。主張に対して根拠を示す必要があるとき、皆さんの頭
に 図 07- 01 のツリー図が浮かぶようになることです。
　繰り返しになりますが、箇条書き・要約のスキルは皆さんの知的武
器です。ぜひ、仕事のあらゆる場面で、この武器を活用できるように
なってください！

図 07-01

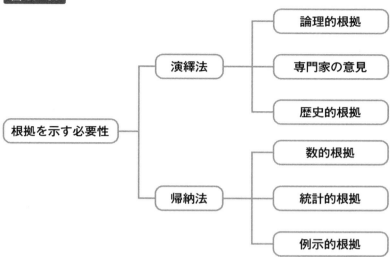

第8章

ビジネスシーンでの活用

――報告書、議事録、企画書の作成

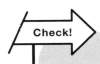

箇条書き・要約を実際の仕事に使う

いよいよ最後の章になりました。ここでは、これまで学んだことの総復習として、要約テクニックを使ってさまざまな問題に答えていただきます。

普通、要約という作業は上司に命じられてやるものだと思います。第1〜5章まででそのためのテクニックを紹介しました。そして、第6〜7章では要約に不可欠なMECEと論理ピラミッドの作り方を練習をしました。

この章では、皆さんのこれまでに身につけたテクニックをもっと活用するための練習です。この練習を通じて、ぜひとも血肉にしていただければと思います。

●・・自分のために要約のテクニックを活用しよう

いきなりですが、皆さんは「機能的固着」という言葉を聞いたことがありますか？

次のページの 図08-01 を見たら「あっ！ 見たことある」となるかもしれません。有名な実験です。イラストのような状況を用意した上で「ロウソクを、壁に取りつけてください。ロウソクに火をつけたときに、テーブルや床の上に、ロウが垂れてはいけません」と指示されます。

皆さんならどう考えますか？

図 08-01

　私が最初考えたのは、「ロウソクの側面にロウを垂らして、壁とロウソクをくっつける」でした。ほかにも「画びょうでロウソクを壁に留める」も考えましたが、ロウソクが太すぎます。
　さて、模範解答は「画びょうを箱から全部取り出して、箱をロウソク立てにして壁にくっつける」です 図 08-02 。

図 08-02

「いや、ほかにもこういう方法があるだろう！」という声も聞こえてきそうです。
　ここで私が言いたかったのは、**「モノゴトについて通常の知識や使用方法に縛られて、肝心の問題解決が妨げられることがある（機能的固着）」**ということです。

要約のテクニックも同じです。

皆さんは、これまでに「自分自身のために」要約をしたことがありますか？

私は数年前までありませんでした。学生時代は先生に「この文章を要約しなさい」と言われ、社会人になってからは上司から「この資料を簡単にまとめて（＝要約して）」と言われたので、仕方なくやっていました。ですから、要約という作業は、人から指示されてやるものと思い込んでいました（まさに機能的固着ですね）。

そもそも要約のテクニックは、情報を箇条書きにしてから再構成した上で1つのメッセージとそれを支える根拠とともに示すことです。よく考えたら、もとの情報は他人から与えられたものに限らず、自分で用意した情報でもいいはずです。

この章では練習問題を通じて、皆さんに日々の実務に役立つ要約のテクニックを磨いていただくとともに、自分の能力アップ、キャリア・年収アップのために自発的に要約に取り組めるようになっていただくことを目指しています。

では練習問題を見ていきましょう。

報告書の作成

　ここでは要約テクニックを使って報告書を作ります。

　上司に報告する際に「あれもあった、これもあった」と単なる箇条書きを送ったら、怒られるでしょう。すでにお伝えしたことですが、情報を取捨選択したり、優先順位をつけて、きちんと文章化して伝える必要があります。

　練習問題を通じて改めて確認しましょう。

Q 問題

　あなたは、ある会社の若手営業職です。ある日上司から導入を検討しているCRMソフトウェアの研修セミナーを受講し、その内容を報告するように言われました。上司としては、実際に導入するとなると、使う頻度の高い若手の使用感を聞きたいと思っています。

　あなたが実際に使ってみたところ、グラフィックが多用されていて、いちいち説明されなくてもサクサク操作できて「使いやすい！」と思いました。さらに、ほかのソフトウェアとの連携もしやすそうです。この感想と、研修中に書き留めたメモ 図08-03 を使って、報告書を作ってください。

図 08-03

CRM ソフトウェア研修でのメモ

概要

研修日時：2024 年 6 月 25 日、9:00 ～ 17:00

研修場所：東京本社ビル 5 階会議室

講師：田中一郎氏（株式会社 ABC の営業部長、CRM ソフトウェアの導入と活用に詳しい専門家）

メモ

- CRM の基本機能とその重要性についての説明
- 顧客情報の一元管理がなぜ重要か
- 顧客データの入力方法と注意点
- 特にデータの正確性と一貫性が重要
- フィルタリング機能の使い方。特定の条件で顧客リストを抽出する方法
- 連絡履歴の記録と管理。どのようにして過去のやり取りを簡単に確認できるか
- タスク管理機能の活用方法
- 日々の業務を効率化するためのタスク設定
- レポート作成機能の使用法。売上や顧客動向を把握するためのレポート作成
- ワークフローの自動化。定期的なメール送信やタスク割り当ての自動化方法
- セキュリティ設定について
- データ保護のための権限管理とアクセス制限。弊社で現在使っている CRM との違いと、移行時に注意すべきポイント
- 直接業務には関係しないが、他部門との連携を強化するための活用例（例：マーケティング部との情報共有）

ステップ① 箇条書きを羅列する
ステップ② 箇条書きをグループに分ける

第1～5章で解説したステップに沿って作っていきます。

まずは「ステップ① 箇条書きを羅列する」です。これはすでにメモ書きの段階でできています。

次に「ステップ② 箇条書きをグループに分ける」です。

私自身、箇条書きのテクニックを使って報告書を作るようになってからは、メモを取る段階で何となくグループに分けてメモをとるようになりました。

今回の例ではグループ分けから始めます。分けるときにグループ名もつけてしまいます。すると、 図 08-04 のように3つのグループに分かれました。

図 08-04

メモ

CRM の概要

・CRM の基本機能とその重要性についての説明

・顧客情報の一元管理がなぜ重要か

・顧客データの入力方法と注意点

・特にデータの正確性と一貫性が重要

・セキュリティ設定について

CRM の具体的な操作方法

・フィルタリング機能の使い方。特定の条件で顧客リストを
　抽出する方法

- 連絡履歴の記録と管理。どのようにして過去のやり取りを簡単に確認できるか
- タスク管理機能の活用方法
- 日々の業務を効率化するためのタスク設定
- レポート作成機能の使用法。売上や顧客動向を把握するためのレポート作成
- ワークフローの自動化。定期的なメール送信やタスク割り当ての自動化方法

わが社における活用方法
- データ保護のための権限管理とアクセス制限。弊社で現在使っている CRM との違いと、移行時に注意すべきポイント
- 直接業務には関係しないが、他部門との連携を強化するための活用例（例：マーケティング部との情報共有）

　CRM ソフトウェアの研修なので、当然その概要と具体的な操作方法はあります。それらに加えて、「わが社における活用方法」として、研修にはなかった、取り巻く環境から考えたポイントをまとめました。

　はっきり言って、CRM ソフトウェアの概要と具体的な操作方法は研修のパンフレットやカリキュラムを見ればわかります。それに対して、自社での活用方法は皆さんでないと書けません。

　また、「具体的な操作方法」も、「上司が何を知りたいか？」を踏まえると良いでしょう。操作をしてみて、「使いやすさや注意が必要そうなところはどこか？」という使用感が知りたいのでしたね。

　このように「重要そうなところはどこか？　それは資料に書かれているか？　自分で追加したほうがよいか？」などと考えながらグルー

プ分けができるとよいですね。

ステップ③　論理ピラミッドを作る
ステップ④　MECEとメインメッセージを確認する

続いて「ステップ③　論理ピラミッドを作る」と「ステップ④　MECEとメインメッセージを確認する」に取りかかります。前のステップで３つのグループができました。さて、この中でメインとなるグループはどこになるでしょうか？

ここは取り巻く環境から考えて、CRMソフトウェアの具体的な操作方法がメインの情報になりそうです。そもそも上司としては、導入したときに最も利用する皆さんの立場から使用感を探ってほしいと思っています。

ところが、 図08-04 のままでは使用感というよりも単にパンフレット的な操作方法の羅列になっています。そこで、もとのメモには入っていなかった、皆さんが実際に使用したときの感想（使いやすい）を冒頭に入れることにしました 図08-05 。

なお、本来であれば、研修を受けている最中に「どんな情報が重要になるか（上司に何を報告するか）」を考えながらメモをとるようにするとよいでしょう。

図08-05

メモ

CRMの使用感はグラフィックの多用により直観的な操作が可能になっており、拡張性が高い。そのため、導入後はすぐ

185

に使いこなせそう。

CRM の基本機能とその重要性
・顧客情報の一元管理がなぜ重要か
・顧客データの入力方法と注意点
・特にデータの正確性と一貫性が重要
・セキュリティ設定について

CRM の具体的な操作方法
・フィルタリング機能の使い方。特定の条件で顧客リストを抽出する方法
・連絡履歴の記録と管理。どのようにして過去のやり取りを簡単に確認できるか
・タスク管理機能の活用方法
・日々の業務を効率化するためのタスク設定
・レポート作成機能の使用法。売上や顧客動向を把握するためのレポート作成
・ワークフローの自動化。定期的なメール送信やタスク割り当ての自動化方法

わが社における活用方法
・データ保護のための権限管理とアクセス制限。弊社で現在使っている CRM との違いと、移行時に注意すべきポイント
・直接業務には関係しないが、他部門との連携を強化するための活用例（例：マーケティング部との情報共有）

●··· ステップ⑤　要約して文章化する

　最後は、「ステップ⑤　要約して文章化する」です。

　メインメッセージである使用感を伝えて、パンフレットやカリキュラムを見れば済む操作方法や基本機能などは箇条書きのまま残しました。最後に、「わが社における活用方法」を入れてまとめました 図 08-06 。

　いかがでしょうか？

　これでかなりしっかりした報告書になったのではないでしょうか。

図 08-06

CRM ソフトウェア研修の報告

概要

研修日時：2024 年 6 月 25 日、9:00 ～ 17:00

研修場所：東京本社ビル 5 階会議室

講師：田中一郎氏（株式会社 ABC の営業部長、CRM ソフトウェアの導入と活用に詳しい専門家）

報告

研修で紹介された CRM は、グラフィックの多用により、直観的な操作が可能になっていました。また他ソフトウェアとの連携もスムーズで拡張性が高いです。仮に導入することになれば、メンバーが使いこなせるようになるまで、短い期間で済みそうです。

その他、CRM の基本機能や具体的な操作方法として、以下の内容が研修では紹介されました。

- **CRM の基本機能とその重要性**
    - 顧客情報の一元管理がなぜ重要か
    - 顧客データの入力方法と注意点
    - 特にデータの正確性と一貫性が重要
    - セキュリティ設定について

- **CRM の具体的な操作方法**
    - フィルタリング機能の使い方。特定の条件で顧客リストを抽出する方法
    - 連絡履歴の記録と管理。どのようにして過去のやり取りを簡単に確認できるか
    - タスク管理機能の活用方法
    - 日々の業務を効率化するためのタスク設定
    - レポート作成機能の使用法。売上や顧客動向を把握するためのレポート作成
    - ワークフローの自動化。定期的なメール送信やタスク割り当ての自動化方法

　この CRM をわが社で導入するとなったときに検討すべき点として、データ保護のための権限管理とアクセス権限がありそうです。また、現行システムとの違いが、そのまま移行時には注意すべきポイントとなりそうです。

　直接弊社の業務とは関係しませんが、CRM を経由して、マーケティング部といった、他部門との連携を強化する活用例も紹介されました。

議事録の作成

「議事録を作るのが苦手」
「どうせ誰も読まないからやる気が出ない」

こんな方は多いのではないでしょうか?

私も同じです。「書かずに済むのであれば書きたくない」派でした。しかし、転職を繰り返すうちに、**「この人デキるな」と思った同僚たちは例外なく議事録を率先して書いている**のを見て、考えが変わりました。

そうした人たちは会議や打ち合わせが終わってから、議事録を提出するまでの時間がとにかく早い。30分以内には提出していました。議事録に書かれているアクションアイテムをフォローアップしているのを目の当たりにして「ああ、これがリーダーシップというものか」「こうやって議事録をアクションを起こさせるツールとして活用するんだな」と感銘を受けました。それからは私も積極的に議事録を作成するようになりました。

では、要約テクニックを議事録の作成に活用してみましょう。

ここでのポイントは「ステップ① 箇条書きを羅列する」にあります。会話形式のスクリプトをいったん箇条書きにする必要があります。ここが一番の難所です。そこをすぎればあとのステップはこれまでと同じです。

●・・ スクリプトをもとに議事録を作成する

　ここで皆さんには、とある会社のマーケティング部の新人「玉木さん」になっていただきます。この会社は最近新商品を発売し、マーケティング部では新商品のキャンペーンを行なっています。以下にそのキャンペーンの進捗確認ミーティングのスクリプトを用意しました 図 08-07 。このスクリプトをもとに、議事録を作成してみましょう。

図 08-07

会議スクリプト

登場人物
玉木（マーケティング部の新人＝あなた）
生島（マーケティング部チームリーダー）
木下（デジタルマーケティング部）
清水（メディアマーケティング部）

会議シーン
新商品のマーケティングキャンペーン進捗確認ミーティング

スクリプト
玉木：「皆さん、今日はお集まりいただきありがとうございます。それでは、新商品のマーケティングキャンペーンの進捗報告を始めます」
生島：「よろしくお願いします。まず、玉木さん、全体の進捗状況を教えてください」

玉木：「はい。現在、キャンペーン全体の進捗率は約60%です。ソーシャルメディアでの反響は良好で、特にX（旧：Twitter）でのエンゲージメントが高いです」

木下：「デジタルマーケティングの視点から言うと、ウェブサイトへのトラフィックも増加しています。ただ、広告費用対効果が期待より低いです」

清水：「メディアマーケティングのほうでは、テレビCMの視聴率が予想を下回っています。そのため、プライムタイムの枠を再検討する必要がありそうです」

生島：「なるほど。それでは、懸念点と要確認事項をまとめましょう。玉木さん、メモを取ってください」

玉木：「はい。まず、デジタルマーケティングの懸念点ですが、広告費用対効果が低い点ですね」

木下：「そうです。これに関しては、ターゲティング戦略を再評価する必要があります」

清水：「メディアマーケティングのほうでは、プライムタイムの枠の再検討が必要です。それに加えて、視聴者層の分析も見直したほうがいいかもしれません」

生島：「ほかにありますか？」

玉木：「ソーシャルメディアの反響は良いので、今後も継続して注力するべきですね」

木下：「はい、特にX（旧：Twitter）は継続的にモニタリングして、エンゲージメントを維持・向上させる戦略が必要です」

生島：「それでは、要確認事項もまとめてください」

玉木：「デジタルマーケティングのターゲティング戦略の再評価、メディアマーケティングのプライムタイム枠と視聴者層の分析、そしてソーシャルメディアの継続的な

注力ですね」

生島：「ありがとうございます。皆さん、次のミーティングまでにこれらの点を各自で確認してください。それでは、今日はここまでにします」

●・・ ステップ① 箇条書きを羅列する

では、まず「ステップ① 箇条書きを羅列する」からやっていきましょう。今回の例では、チームリーダーの生島さんが適切に会議をまわしてくれているので、特に脱線することもなく進捗確認という会議の目的に沿った報告がなされていました。以下が会議スクリプトから起こした箇条書きのメモ例です 図 08-08 。

図 08-08

会議スクリプトから起こす箇条書き会議メモ例

・現在、キャンペーン全体の進捗率は約 60%
・ソーシャルメディアでの反響は良好、特に X（旧：Twitter）でのエンゲージメントが高い
・ウェブサイトへのトラフィックが増加しているが、広告費用対効果は期待より低い（デジタルマーケティングの懸念点）
・ターゲティング戦略を再評価する必要がある（デジタルマーケティング）
・テレビ CM の視聴率が予想を下回っている（メディアマーケティングの懸念点）
・プライムタイムの枠を再検討する必要がある（メディアマー

ケティング）

・視聴者層の分析も見直す必要がある（メディアマーケティング）

・ソーシャルメディアの反響は良いので、継続して注力するべき。特にX（旧：Twitter）は継続的にモニタリングして、エンゲージメントを維持・向上させる戦略が必要

・デジタルマーケティングのターゲティング戦略の再評価

・メディアマーケティングのプライムタイム枠と視聴者層の分析

・ソーシャルメディアの継続的な注力

　通常はこれほど整然としたメモにならないことのほうが多いでしょう。話があちこちに脱線したり、1人が長々としゃべったり……。このときに大事になるのは、不要な部分をばっさり削除するか、それとも、「そのほかのトピック」としてまとめるかです。

　メモを取りながら、「これは会議の本題にかかわる内容」「これはそのほかのトピック」と分けるようにするとよいでしょう。本題に関係ないオフトピックも議事録に残すか否かは、皆さんの会社のスタイルによります。まさに取り巻く環境からの判断となります。

●•∵ ステップ②　箇条書きをグループに分ける

　続いて「ステップ②　箇条書きをグループに分ける」に取りかかります。ここで考えるべきことは、「どのような視点にもとづいてグループを作るか」です。

　今回のミーティングの参加者は、デジタルマーケティングの木下さ

んとメディアマーケティングの清水さんです。個々が自分の部署の進捗、課題や問題点を語っています。ですから、グループとしてデジタルマーケティング部、メディアマーケティング部の内容それぞれでグループを作りたいと思います。

　今回の会議では、単に進捗がシェアされただけではなく、次回の会議に向けての宿題もそれぞれのグループでありました。この宿題でも1つのグループが作れます。こうしてグループ分けした例を以下に示します 図 08-09 。

図 08-09

会議スクリプトから起こす箇条書き会議メモ例

全体の進捗
・現在、キャンペーン全体の進捗率は約 60%

デジタルマーケティングの進捗
・ソーシャルメディアでの反響は良好、特に X（旧：Twitter）でのエンゲージメントが高い
・ウェブサイトへのトラフィックが増加しているが、広告費用対効果は期待より低い（デジタルマーケティングの懸念点）
・ターゲティング戦略を再評価する必要がある（デジタルマーケティング）

メディアマーケティングの進捗
・テレビ CM の視聴率が予想を下回っている（メディアマーケティングの懸念点）

・プライムタイムの枠を再検討する必要がある（メディアマーケティング）

・視聴者層の分析も見直す必要がある（メディアマーケティング）

今後の宿題

・ソーシャルメディアの反響は良いので、継続して注力するべき。特にX（旧：Twitter）は継続的にモニタリングして、エンゲージメントを維持・向上させる戦略が必要

・デジタルマーケティングのターゲティング戦略の再評価

・メディアマーケティングのプライムタイム枠と視聴者層の分析

・ソーシャルメディアの継続的な注力

●●・・ **ステップ③　論理ピラミッドを作る**

「ステップ③　論理ピラミッドを作る」に取りかかります。

　グループごとに見ていきます。まず「全体の進捗グループ」では、メッセージが1つしかありません。「全体の進捗率は約60％」これだけです。

　次に「デジタルマーケティングの進捗」です。ここでは、ソーシャルメディア、ウェブサイト、そしてターゲティング戦略という個々の要素が語られています。この中のどれかがとりたてて重要ということはありません。ですから、このグループの上位には、下位の個々の要素をまとめた一文を作りました。

「メディアマーケティングの進捗」では、「テレビCMが苦戦している」という共通のトピックがあります。だからプライムタイム枠を再検討しないといけないし、視聴者層の見直しも必要です。ですから、このグループの上位には「テレビCMの視聴率が予想を下回っている」をもってきました。

「今後の宿題」では、各要素やらないといけないことはありますが、こちらもとりたてて何かが重要だということはありません。しかし、各担当者が議事録を見て、自分の部署が何をしないといけないかわかりやすいように、デジタルマーケティングとメディアマーケティングそれぞれのアクションアイテムで分けました。

以下に論理ピラミッドの例を示します 図 08-10 。

図 08-10

論理ピラミッド形成後の議事録の下書き

・現在、キャンペーン全体の進捗率は約60%

・デジタルマーケティングでは、ソーシャルメディアは良好。ウェブサイトへのトラフィックは増加しているものの、費用対効果が期待を下回る。
  ・ソーシャルメディアでの反響は良好、特にX（旧：Twitter）でのエンゲージメントが高い
  ・ウェブサイトへのトラフィックが増加しているが、広告費用対効果は期待より低い（デジタルマーケティングの懸念点）
  ・ターゲティング戦略を再評価する必要がある（デジタルマーケティング）

・テレビ CM の視聴率が予想を下回っている（メディアマーケティングの懸念点）

　・プライムタイムの枠を再検討する必要がある（メディアマーケティング）

　・視聴者層の分析も見直す必要がある（メディアマーケティング）

・**アクションアイテム**

　・デジタルマーケティング

　　・デジタルマーケティングのターゲティング戦略の再評価

　　・ソーシャルメディアの継続的な注力

　・メディアマーケティング

　　・ソーシャルメディアの反響は良いので、継続して注力するべき。特に X（旧：Twitter）は継続的にモニタリングして、エンゲージメントを維持・向上させる戦略が必要

　　・メディアマーケティングのプライムタイム枠と視聴者層の分析

●・・ ステップ④　MECEとメインメッセージを確認する

　続いて「ステップ④　MECE とメインメッセージを確認する」ですが、そもそも短いスクリプトなので、MECE は特に問題ないでしょう。「議事録のメインメッセージは何か？」は難しい問題ですが、最初から「何かを決める」ための会議では、その結果を書けばよいでしょ

う。

　しかし、今回のような進捗確認の場合、「何がメインか？」は判断しづらいです。皆さんが実際の場面でこうした悩みに直面した場合、やはり**取り巻く環境から判断する**ことをおすすめします。

　今回の場合、主目的は進捗確認です。最初に進捗が60％と言っているので、それを主題に置いてよいかと思います。

　そのあとにくるのがアクションアイテムです。今後、何をしないといけないか？　結局、進捗確認とはいえ、単に進捗を確認して終わりというわけではありません。現在の進捗と課題を踏まえて、あるべき姿に持っていくために「今後、何をしないといけないか？」を決めたいわけです。

　そのあとにデジタルマーケティング、ソーシャルマーケティングそれぞれの進捗をもってきます。これを反映した議事録の下書きは次の通りです　図 08-11 。

図 08-11

MECE とメインメッセージ確認後の議事録の下書き

・**現在、キャンペーン全体の進捗率は約60％**

　・**アクションアイテム**
　　・デジタルマーケティング
　　　・デジタルマーケティングのターゲティング戦略の再評価
　　　・ソーシャルメディアの継続的な注力

　　　　・メディアマーケティング
　　　　　　・メディアマーケティングのプライムタイム枠
　　　　　　　と視聴者層の分析

・デジタルマーケティングでは、ソーシャルメディアは
　良好。ウェブサイトへのトラフィックは増加している
　もの、費用対効果が期待を下回る。
　　　　・ソーシャルメディアでの反響は良好、特に X（旧：
　　　　　Twitter）でのエンゲージメントが高い
　　　　・ウェブサイトへのトラフィックが増加しているが、
　　　　　広告費用対効果は期待より低い（デジタルマーケ
　　　　　ティングの懸念点）
　　　　・ターゲティング戦略を再評価する必要がある（デ
　　　　　ジタルマーケティング）

・テレビ CM の視聴率が予想を下回っている（メディア
　マーケティングの懸念点）
　　　　・プライムタイムの枠を再検討する必要がある（メ
　　　　　ディアマーケティング）
　　　　・視聴者層の分析も見直す必要がある（メディアマー
　　　　　ケティング）

●・・ ステップ⑤　要約して文章化する

　最後、「ステップ⑤　要約して文章化する」ですね。最初に言って
おくと、気の知れたメンバー間での議事録であれば、ステップ④で用

意した箇条書きのままでも OK です。参加者ならば、背景もわかっているので、アクションアイテムを見れば、何をしたらよいかや状況もわかります。場合によっては、文章化するほうがかえってわかりにくくなってしまうかもしれません。

　たとえば、まずステップ④の箇条書きのまま送ってみて、何も問題なければそのまま、誰かからクレームがあったら、そのときに文章化すればよいでしょう。かけなくてもよい手間はかけないに越したことはありません。

　以下に、文章化した場合の最終的な議事録を示します 図 08-12 。最初のスクリプトから比べるとかなりスッキリしました。

図 08-12

新商品マーケティングキャンペーン進捗確認ミーティング議事録

参加者：
生島さん、木下さん、清水さん、玉木

議事内容：
現在、キャンペーン全体の進捗率は約 60%。今後の To Do として、各部署下記のアクションアイテムが出された。

デジタルマーケティング
・ターゲティング戦略の再評価
・ソーシャルメディアの継続的な注力

メディアマーケティング

・プライムタイム枠と視聴者層の分析

各部署の現状の進捗は以下の通り。

デジタルマーケティング
ソーシャルメディアは良好。特に X（旧：Twitter）でのエンゲージメントが高い。ウェブサイトへのトラフィックは増加しているものの、費用対効果が期待を下回る。今後、ターゲティング戦略を再評価する必要性を感じている。

メディアマーケティング
テレビ CM の視聴率が予想を下回っている。プライムタイムの枠、並びに視聴者層の分析を見直す必要性を感じている。

以上

企画書の作成

企画書と要約のテクニックの相性はとても良いです。

要約するときは、バラバラの箇条書きを1つのメッセージを伝える文章にするわけですが、このプロセスは企画書を作るときも同じです。

企画を考えるときは、まずいろいろとアイデア出しをします。そうして出てきたさまざまなアイデアを整理し、取捨選択し、残ったものを企画書の形にします。これはまさに要約のプロセスと同じです。

すでに皆さんはお気づきかもしれませんが、要約のテクニックを使うには、素材となる箇条書きさえあれば、もとの文章はどのような形式のものでもよいのです。たとえば、プレスリリース、会議メモなど仕事で扱う文書であればすべて対象になります。

ここでは企画メモを企画書の形にしていくプロセスを見ていきましょう。

Q 問題

あなたは、物流倉庫に勤務する若手社員です。上司から「何でもいいから、作業効率化のための企画を出してほしい」と言われました。そこで同僚数名とブレインストーミングを行ない、次のページの 図08-13 のような企画メモ書きを用意しました。

内容は、これまで「何とかならないか？」と思っていた「梱包作業の効率化」についてです。このメモをもとに企画書を作ってみましょう。

> **図 08-13**
>
> **梱包作業の効率化のためのメモ**
>
> ・現在の梱包プロセスの課題点：時間がかかりすぎる、資材のムダが多い
> ・新しい梱包機の導入：最新型の自動梱包機で効率アップ
> ・資材の見直し：エコでコストパフォーマンスの高い梱包資材への切り替え
> ・作業マニュアルの改善：誰でも理解しやすいマニュアルを作成
> ・トレーニングプログラムの実施：新しい梱包機と資材の使い方を徹底指導
> ・測定基準の設定：効率改善の効果を数値で測定
> ・環境への配慮：エコ梱包資材の使用で環境負荷を軽減

ステップ①　箇条書きを羅列する
ステップ②　箇条書きをグループに分ける

　まず、「ステップ①　箇条書きを羅列する」ですが、今回はすでにできています。ただし、実際の仕事では、企画メモには、本題と関係のない内容も多く混じっていることがよくあります。たとえば、今回は梱包作業がテーマなのに、ブレインストーミングの中でいきなり社員食堂のメニューの改善提案が出てくるといったことです。そうした場合は、このステップ①の段階でばっさり切り落としておきましょう。

　次に、「ステップ②　箇条書きをグループに分ける」に取りかかり

ます。

　メモを見ると、梱包作業というテーマは共通ですが、項目を3つの
グループに分けられそうです。

　1つ目はプロセス全体に関すること。2つ目は梱包資材に関するも
の。3つ目は梱包機への投資に関することです。

　こうしてグループ分けした段階で、特に企画メモの場合は企画に入
れるもの、入れないものを精査するとよいでしょう。

　もちろん、判断は皆さんを取り巻く環境を考慮に入れて行ないます。

　たとえば、今回、皆さんは若手社員という設定です。その企画書
で、いきなり高額の投資を要する新しい梱包機械の購入が提案されて
いたらどうでしょうか？　もちろんそうした声を歓迎する企業もある
でしょう。そうした社風である場合は当然残しておいて問題ありませ
ん。しかし、「これはちょっと話がデカくなりすぎだな」と思ったら
削除します。

　ブレインストーミングから生まれた箇条書きは自由な発想から生ま
れただけあって、全体的な発言とは粒度が合わないものが多々混じり
ます。今回の例では、「ここで提案している梱包機は高額なものでは
ない」ということにしてそのまま残します。

　これで企画メモは次のように整理されました　図 08-14 。

図 08-14

グループ分けしたあとの企画メモ

梱包プロセス全体にかかわること
・現在の梱包プロセスの課題点：時間がかかりすぎる、資材

のムダが多い
- 作業マニュアルの改善：誰でも理解しやすいマニュアルを作成
- 測定基準の設定：効率改善の効果を数値で測定

梱包機への投資
- 新しい梱包機の導入：最新型の自動梱包機で効率アップ
- トレーニングプログラムの実施：新しい梱包機と資材の使い方を徹底指導

梱包資材にかかわること
- 資材の見直し：エコでコストパフォーマンスの高い梱包資材への切り替え
- 環境への配慮：エコ梱包資材の使用で環境負荷を軽減

●●・・ ステップ③　論理ピラミッドを作る

　続いて「ステップ③　論理ピラミッドを作る」に取りかかります。
　1つ目のグループ「梱包プロセス全体にかかわること」では、現状の課題とそれを改善するためにマニュアル作成が提案されていますね。また、「改善進捗をモニターするために数値で測定しましょう」という話もあります。
　さて、このグループの中で上位にくるべき項目はマニュアル作成だと思われます。マニュアル作成の背景として、現状の課題点があり、マニュアル作成の効果測定として数値化があるからです。

2つ目のグループ「梱包機への投資」では迷うことなく「新しい梱包機の導入」が上位です。そもそも、それがありきのトレーニングですから。

　では、3つ目のグループ「梱包資材にかかわること」はどうでしょうか？　ここはまとめることができそうです。

　要は「エコでコスパの高い梱包資材に替えましょう」ということです。「エコ梱包資材の使用で環境負荷を軽減」とあります。「エコ＝環境負荷の軽減」なので、わざわざ箇条書きを立てて言うことでもありません。

　このように、「省エネでエネルギー効率を良くする」みたいな誰も反論しないものの、単に同じことを繰り返しているような言葉はよく見かけます。私自身、ある人から「資源を再利用して、リサイクルする」と真顔で言われたときは思わず笑ってしまいました。

　それはさておき、論理ピラミッドを組むと次のようになります　図 08-15 。

図 08-15

論理ピラミッドを組んだあとの企画メモ

・作業マニュアルの改善：誰でも理解しやすいマニュアルを
　作成
　　・現在の梱包プロセスの課題点：時間がかかりすぎる、
　　資材のムダが多い
　　・測定基準の設定：効率改善の効果を数値で測定

・新しい梱包機の導入：最新型の自動梱包機で効率アップ
　　・トレーニングプログラムの実施：新しい梱包機と資材

の使い方を徹底指導

・資材の見直し：エコでコストパフォーマンスの高い梱包資
　材への切り替え

●・・ ステップ④　MECEとメインメッセージを確認する

「ステップ④　MECE とメインメッセージを確認する」に取りかか
ります。

　MECE に関しては、前のステップのエコと環境負荷の軽減のとこ
ろで対応済みですね。では、メインメッセージに何を置くべきでしょ
うか？

　今回の例だと、「作業マニュアル」「梱包機への投資」、そして「資
材の見直し」と特にどれか1つを推しているわけではありません。3
つとも並列関係にある提案です。ではメインメッセージがないのかと
言えばそうでもありません。

　もともと皆さんは上司から「何でもいいから提案しろ」と言われま
した。そうした中で、普段から問題意識を感じていた梱包作業に目を
向けたわけです。その背景には、梱包作業には改善の伸びしろがある
という認識があります。今回は、これをメインメッセージにしたいと
思います。

　メインメッセージの下の3つの案はいずれも並列関係なので、イン
デントは同じレベルです。ただ、**順番としては、最も着手しやすいも
のから難しいものへと並び替えておきます。**こうして企画メモは次の
ページの 図 08-16 のようになりました。

207

> **図 08-16**
>
> **メインメッセージ設定後の企画メモ**
>
> **梱包作業業務には、まだ改善の余地がある**
>
> ・資材の見直し：エコでコストパフォーマンスの高い梱包資材への切り替え
>
> ・作業マニュアルの改善：誰でも理解しやすいマニュアルを作成
> 　・現在の梱包プロセスの課題点：時間がかかりすぎる、資材のムダが多い
> 　・測定基準の設定：効率改善の効果を数値で測定
>
> ・新しい梱包機の導入：最新型の自動梱包機で効率アップ
> 　・トレーニングプログラムの実施：新しい梱包機と資材の使い方を徹底指導

●●・・ステップ⑤　要約して文章化する

　最後の「ステップ⑤　要約して文章化する」に取りかかります。

　せっかく企画が３つあるので、「企画は３つあります」として、箇条書きに番号を振ります。ただ、この番号はあくまで「３つあります」というだけの意味で、順番や重要度を示すものではありません。

　最終的な企画書は次のページの 図 08-17 のようになりました。

図 08-17

物流倉庫における業務効率化のための企画書

**梱包作業業務には、効率化向上のために、3つの改善の余地
があります。**

①資材の見直し

梱包資材を見直すことで、エコでコストパフォーマンス
の高い梱包資材へと切り替えることができます。

②作業マニュアルの改善

現在の梱包プロセスには、時間がかかりすぎており、か
つ資材のムダが多いです。よって、誰でも理解しやすい
マニュアルを作成することで、こうしたムダを削減でき
ます。
さらに、作業時間の測定基準を設定することで、業務改
善の効果を数値化できます。継続的に測定することで改
善進捗を測ることができます。

③新しい梱包機の導入

最新型の自動梱包機を購入することで、効率をアップさ
せることが望めます。その場合には、トレーニングプロ
グラムを実施し、新しい梱包機と資材の使い方を徹底指
導します。

以上

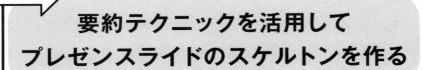

要約テクニックを活用して
プレゼンスライドのスケルトンを作る

　最後に、この企画書をプレゼンテーション用のスライドにする場合の TIPS を紹介します。

　プレゼン用スライド作成のノウハウ本を読むと、たいてい「スライドを作り込む前にスケルトンを作りましょう」と書かれています。スケルトンとは、プレゼン相手に伝えたいメッセージをどのスライドに入れるかを大まかにまとめたものです。資料の骨格（スケルトン）と全体のストーリーを決めた上で、個々のスライドを作り込みます。ここでは、要約テクニックを使って、そのスケルトンの簡単な作り方を紹介します。

　まず、手元に「ステップ④　MECE とメインメッセージを確認する」で作成したメモを用意します　図 08-18 。

図 08-18

メインメッセージを設定後の企画メモ

梱包作業業務には、まだ改善の余地がある

・資材の見直し：エコでコストパフォーマンスの高い梱包資材への切り替え

・作業マニュアルの改善：誰でも理解しやすいマニュアルを作成

・現在の梱包プロセスの課題点：時間がかかりすぎる、
　資材のムダが多い
・測定基準の設定：効率改善の効果を数値で測定

・新しい梱包機の導入：最新型の自動梱包機で効率アップ
・トレーニングプログラムの実施：新しい梱包機と
　資材の使い方を徹底指導

　これをもとに、メインメッセージ「梱包作業業務には、まだ改善の
余地がある」と1つインデントを下げた箇条書き3つをそれぞれ1枚
のスライドに入れます。これで終わりです。
　こうして作成したスライドのスケルトンが 図 08-19 です。

図 08-19

①

**梱包作業業務には、
まだ改善の余地がある**

資材の見直し：
エコでコストパフォーマンスの高い
梱包資材への切り替え

②

**梱包作業業務には、
まだ改善の余地がある**

作業マニュアルの改善：
誰でも理解しやすい
マニュアルを作成

③

**梱包作業業務には、
まだ改善の余地がある**

新しい梱包機の導入：
最新型の自動梱包機で
効率アップ

スケルトンを作ったあとは、それぞれのスライドの内容に肉づけをしていきます。たとえば、①のスライドに関しては、現状の梱包資材と提案予定のエコでコスパの高い梱包資材のスペック比較表などを入れてもよいでしょう。

②は、マニュアルがないせいで同じ作業でも、Aさん、Bさんそれぞれの作業速度がどう異なるかなどを示すのも1つの手です。③も①と同様に、現行のマシンと新規のマシンで、どれだけパフォーマンスに差が出るかを示すのもいいでしょう。

このようにスケルトンをいったん作って、それに肉づけしていくことで一貫性のあるプレゼンスライドを効率良く作成できます。せっかく要約のテクニックを使って企画書を作ったのであれば、それをスライド作成にも活かさないともったいないです。ぜひチャレンジしていただけたらと思います。

おわりに

　本書の内容は、オンライン教育プラットフォーム Udemy で配信している私の講座「アドバンスド箇条書き（ブレットポイント）テクニック　──ロジカルシンキングを取り入れた【要約】の書き方──」をベースにしています。この講座を本書の担当編集者、貝瀬裕一さんが受講してくれたのがすべてのきっかけです。

　その後、連絡先を公開していない私に、貝瀬さんはさまざまな方法でアプローチしてくださいました。そして、出版に関するさまざまな心配事に1つずつ付き合ってくださり「なんかできそう！」とその気にさせてくれました。

　また、執筆途中も原稿をタイムリーにチェックいただき、またフィードバックもいただきました。本が大好きで、昼の休憩には本屋さんに通う私ですが、よもや自分が本を出版できるなんて夢にも思っていませんでした。それを実現してくれた貝瀬さんには感謝してもし切れません。ありがとうございました。

本書を執筆しながら、要約力を身につけようとしていた若い頃を思い出しました。まだ社会人駆け出しであり、かつ今と違って転職がネガティブなものだと思われていた時代です。

　当時、私はどう思っていたかというと、かなりポジティブでした。「さまざまな職場のいろいろなベストプラクティスが学べてラッキーだ。しかも、それぞれの職場のエースはこれまた個性的。こうした仕事のノウハウをお金もらって吸収できる。こんなおいしい話はない！」「しかも日本は転職市場がまだまだだから、こうしたノウハウは会社内に留まりがち。それはもったいないので、私が使わせていただきます！ごちそうさまです！」とも思っていました。

　そして現在、SNS の発展によって、いろいろな才能を持った人たちが Udemy や YouTube などで惜しげもなくスキルを公開する時代になりました。分野によっては、大学で教えるような内容もネットで簡単に学習できます。進歩が速いプログラミングのような IT スキルともなると学校教育のカリキュラムに落とし込む前にテクノロジーが進歩してしまうので、従来の詰め込みスタイルの学校で教えるのはむしろ非効率だともいわれています。

「リスキリング」という言葉が流行るほど、現在は社会人の継続的な学

びがこれまで以上に重要視されています。時代は変わったともいえますが、むしろこちらのほうが当たり前ではないかと思っています。

　まだ社会で働いたこともないときに学んだ知識だけで、長い人生を乗り切ろうというほうがそもそもおかしいでしょう。それに加えて寿命が伸びて働かないといけない期間も昔に比べて格段に伸びているわけですから、なおさらです。

　でも一方で、それは長い人生のうちにキャリアを何回でもやり直せるということでもあるのではないでしょうか。

　そもそも会社の寿命も短いし、学んだスキルもすぐに廃れる時代です。良い悪いじゃなくてそういうものなのです。だから当然、何度も転職をするし、新しいスキルを何度も学ぶことになる。そういう社会なので、転職や自分のキャリアを変える動機が、「今の会社・仕事に飽きたから」でもいいわけです。

　普通に考えたら、どんなにやりがいがある仕事やワークライフバランスがとれた職場環境であったも、何年も続けたら飽きますよね。それが自然な感情だと思います。「飽きたら別の場所に移れる」という世の中ってポジティブでステキだなと私は思います。

　この本で紹介した要約テクニックがこうした皆さんの学び、そして

キャリアアップの一助になれば、私としては最高にハッピーです。お読みいただき、ありがとうございました！

2024年8月　マスカワシゲル

Profile　マスカワシゲル

某外資系企業のFinancial Planning & Analysis
Senior Manager

高校卒業後、5年間にわたりバックパッカーとして世界
を巡り、多様な文化や価値観に触れる経験を積む。その
後、日本に帰国し、自らキャリアを築くために転職を繰り
返しながら、資格取得やスキルアップに励む。転職が多
い背景には、自分自身でキャリア設計を行ない、常に新
しい挑戦を求めた結果がある。
キャリア遍歴としては、英語のスペシャリストから経理、
そしてファイナンスへと移り変わり、実務経験を積んで
きた。主な資格には、英検1級、TOEIC 985点、日商簿
記1級があり、その専門性を活かしている。
2017年からはオンライン学習プラットフォームUdemy
で講師として活動し、実務に直結するビジネススキルを
教えるコースを多数展開している（のべ受講者数26万
人以上、2024年8月現在）。現在は外資系企業に勤務。

頭がよくなる箇条書きの習慣

2024年10月17日　第1版第1刷発行

著者　　　マスカワシゲル

発行所　　WAVE出版
　　　　　〒102-0074　東京都千代田区九段南3-9-12
　　　　　TEL 03-3261-3713　FAX 03-3261-3823
　　　　　Email : info@wave-publishers.co.jp
　　　　　URL http://www.wave-publishers.co.jp

印刷・製本　中央精版印刷

©MASUKAWA Shigeru 2024 Printed in Japan
ISBN978-4-86621-496-2
落丁・乱丁本は小社送料負担にてお取りかえいたします。
本書の無断複写・複製・転載を禁じます。
NDC007　217p　21cm

WAVE出版の本

「会社に育ててもらえない時代」に自分を育てる!

好評発売中!

残酷な働き方改革の時代を勝ち抜くための武器
自分を育てる「働き方」ノート
池田紀行・著

成長したい!
仕事ができるようになりたい!
でも、何からはじめたらいいのかわからない!?

そんなあなたに
- 自己成長するための仕事への向き合い方、
- 具体的な仕事への取り組み方
- 効率的な自己投資の方法
- 正しいキャリア戦略

を教えます!

定価1760円(税込)　ISBN9784866214467

WAVE出版の本

電通のコンセプト・デザイナーが明かす、
「人を動かす企画」を生み出すコンセプトデザインの
考え方と実践プロセスのすべて

コンセプト・センス
正解のない時代の答えのつくりかた
吉田将英・著

誰でもすぐに

コンセプトをつくる力が身につく！

- オリジナルメソッド満載！
- 「コンセプト構文」
- 「BIV—Cメソッド」
- 「認知の拡張MAP」
- 「コンセプトマンダラ」
- オンコンセプト思考フレーム

定価2200円（税込）　ISBN9784866214740